Poesía revolucionaria chilena

Poesía revolucionaria chilena

Desde el sacrificio de Allende a la resistencia poética

Compilación y prólogo

Juan Jorge Faundes

New York • Oakland • London

Derechos © 2014 Juan Jorge Faundes
Derechos © 2014 Ocean Press y Ocean Sur

Todos los derechos reservados. Ninguna parte de esta publicación puede ser reproducida, conservada en un sistema reproductor o transmitirse en cualquier forma o por cualquier medio electrónico, mecánico, fotocopia, grabación o cualquier otro, sin previa autorización del editor.

Seven Stories Press/Ocean Sur
140 Watts Street
New York, NY 10013
www.sevenstories.com

ISBN: 978-1-925019-68-1

Índice

Poesía revolucionaria chilena: el marco *Juan Jorge Faundes*	1
Poema 1. La muerte de Allende *Juan Jorge Faundes*	21

GUIDO EYTEL
    Cuando en el sur florecían los cerezos   27
    El aire demasiado aire   28
    Destino de pájaros   29
    Especie en extinción   29

BERNARDO REYES
    De fosas y de lobos   33
    Necesito que alguien me explique   33
    Un niño sonríe   34

CARMEN BERENGUER
    Bobby Sands desfallece en el muro   37
    Santiago punk   38
    Fragmentos de Raimunda   40

TOMÁS HARRIS
    Zonas de peligro   45
    Los cuerpos   45
    Zonas de peligro   45
    Zonas de peligro (final)   46

CLEMENTE RIEDEMANN
    La maldad del Wekufe   51
    De cómo la indiada le p e r d i ó
    el respeto a los caballeros   52

PEDRO LEMEBEL
    Carmen Gloria Quintana   57

ELIKURA CHIHUAILAF NAHUELPAN
    Kañpvle miyawmen: Ñamlu…   61
    Kallfv peuma mew   62
    Sueño azul   62
    Rogativa y afafán   75
    No me llegan noticias   76
    El secreto del sol   77
    Llellipun wenu mapu ñi   77
    Ruego en las paredes rocosas del cielo   78

GUILLERMO RIEDEMANN
    Qué te han hecho Ignacio Valenzuela   85
    El perdón del rey   86
    Si no han visto   88

JORGE MONTEALEGRE
    Agenda   93
    Alta poesía   95
    Enviado especial   95

JOSÉ ÁNGEL CUEVAS
    Confesiones de bar   99
    Destruir en nuestro corazón la lógica del sistema   100

JUVENAL AYALA
    A Gabriela Ferri   107
    Al detenido desaparecido   108

Alejandro Lavquén
  Cotidiano   111
  La gota de agua   112
  Barrio 29   112
  Génesis en el Bío-Bío   113

Adriana Paredes Pinda
  Mütrümtuwe   117
  Küla aukin   119

Rosabetty Muñoz
  Hay ovejas y ovejas   125
  Oveja a tropezones   126
  Expuesta   126

Carmen Andrea Mantilla
  Tengo el país borrado de la frente   129
  Septiembre   129
  Canción de amor   130

Yasmín Fauaz Núñez (*Grandchester*)
  Arenga al conquistador   135

Juan Jorge Faundes
  El Ave María de Aysén   141
  Esperanza   144
  Jesucristo súper estrella II   144
  Eucaristía V   145
  El dinero mueve al mundo   147

Notas   148

Bibliografía   150

Poesía revolucionaria chilena: el marco

Esta antología la comencé en 1987, en Colombia, cuando llegué allí y ofrecí una conferencia-recital —«Poesía de la Resistencia Chilena»— en la Casa de Poesía Silva, donde además oficié mi *Melquisedec, o una Misa Pagana*, poemario concebido como un misal, impreso en Santiago en junio de 1986 a la vez que me desempeñaba como jefe de redacción de la revista *Cauce*, opositora a la dictadura de Pinochet.

La primera lectura pública de esta misa fue a fines de agosto de ese año 1986 en forma de una aparición relámpago en la Biblioteca Nacional, con motivo de un recital de periodistas poetas, invitado por Hernán Miranda, también periodista y poeta. Pendía sobre mí una orden de aprehensión de un tribunal militar por ofensas a las FF.AA. El director y socio de la empresa propietaria, abogado Gonzalo Figueroa Yáñez y el periodista Ariel Poblete, autor del artículo «El arsenal de las dudas o las dudas del arsenal», ya estaban presos por el mismo delito: un artículo que planteaba dudas sobre el hallazgo de voluminosos arsenales del Frente Patriótico Manuel Rodríguez (FPMR) en Carrizal Bajo, una caleta pesquera de la zona norte del país.

En aquellos días, dirigía la revista sin asomarme por las oficinas, reuniéndome con los redactores en otros lugares, alojando en casas de personas solidarias, eludiendo así a los agentes de la dictadura. Finalmente, me capturaron por una irresponsabilidad.

En efecto, la noche del sábado 30 de agosto de 1986 me había acogido en el centro de Santiago una pareja de jóvenes cantantes callejeros —Ricardo y Kelly— quienes en el Paseo Ahumada, acompañados de una guitarra, interpretaban temas de Silvio Rodríguez,

Patricio Manns, Violeta Parra, y de los conjuntos Elicura y Aparcoa. Dormían en una peluquería de la mamá de Kelly, localizada en una galería céntrica. Por entonces, con Ricardo trabajábamos en componer una canción nacional alternativa. Ya tenía unas estrofas que eran parte de mi *Melquisedec, o una Misa Pagana*. De la liturgia de la palabra o lectura del Evangelio:

Y dijo Jesús ante los hermanos Vergara Toledo:

«Puro, joven, es tu cielo azulado
Puras sonrisas te cruzan también
Y tu cuerpo de balas bordado
Es la copia feliz del Edén.»

¡Felices los jóvenes y su idealismo! *—exclamó entonces el Maestro—. Porque de ellos será el Reino del Asilo contra la Opresión.*

¡Lázaro, levántate y anda!

Me acomodé en un sillón y me disponía a cerrar los ojos y dormir cuando sentí que mis anfitriones se preparaban para salir agitando unos envases de spray. Harían pintadas convocando a un paro nacional. Me invitaron y acepté. Así que aquella noche, ya madrugada del domingo 31, arrebatado por el espíritu de Paul Eluard, acompañé a Ricardo y Kelly. Y mientras escribíamos tu nombre — Libertad— en los muros de mi ciudad, por los vericuetos de oscuras calles y pasajes del centro de Santiago, te perdimos, de improviso (como suele ser en estos casos) cuando, a las 2:30 AM, de entre las sombras, dos civiles armados de revólveres arremetieron contra nosotros, encañonándonos a los gritos de «¡Alto! ¡Policía!».

En este punto exacto, dudo de mi memoria de largo plazo, tal vez influida por las series de televisión, porque en mis recuerdos más honestos de ese momento solo veo sombras armadas y silenciosas, y me escucho a mí mismo decir que «iba pasando» y que los jóvenes me habían pedido un cigarrillo. Los carabineros, que eso eran los tipos de civil, no creyeron mi versión. Después de ser llevados a la comisaría de Fuerzas Especiales y fichados, nos subieron a un furgón y nos trasladaron a la Tercera Comisaría donde, en un gimnasio alhajado con literas y colchonetas, encerraban a los detenidos puestos a disposición del ministerio del Interior. A Kelly la condujeron a un recinto de detención femenino. En el trayecto, emocionados, sentados en el frío y metálico suelo del furgón, entonamos algunos retazos de nuestra canción nacional alternativa. Después tuvimos destinos diferentes. De la Tercera Comisaría me llevaron a la Fiscalía Militar, luego a la Penitenciaría. Allí coincidí en la misma galería con tres de los frentistas de Carrizal Bajo quienes me confirmaron que la historia del desembarco de armas —pese a nuestras dudas— era cierta. Finalmente, terminé en el anexo-cárcel Capuchinos, donde me encontré con Gonzalo y Ariel. A esas alturas, la EFE había difundido mi detención por todo el mundo y la noticia era reiterada por Radio Moscú en su programa Escucha Chile. En Madrid, amigos solidarios españoles y chilenos organizaban una campaña por mi libertad.

Quedé libre la noche del viernes 5 de septiembre y escribí para la agencia EFE, donde trabajaba además de *Cauce*, a pedido del delegado en Santiago, Ramiro Gavilanes, el artículo «Los gajes del oficio de un periodista en Chile», que el lunes 8 publicó *El País*, de España.[1] Cuarenta y ocho horas después, un destacamento del FPMR atentó contra Pinochet en la cuesta «Las Achupallas», camino al Cajón del Maipo, a 40 kilómetros de Santiago. El dictador regresaba de pasar un fin de semana en su casa de descanso de El Melocotón. Eran las 18:35 horas. Salvó con vida porque un cohete *Law* disparado contra su automóvil blindado no estalló. Cinco escoltas murieron. En la madrugada del día 8, cuatro opositores fueron asesinados en represalia, sacados de sus casas por agentes de la Central Nacional de

Informaciones (CNI). Tras recibir la orden del general Humberto Gordon de «vengar a nuestra gente» y «que sea en proporción de dos a uno», los agentes tomaron las primeras carpetas que tenían a mano en la Unidad de Análisis de la CNI y ejecutaron al electricista Felipe Rivera (PC), al artista Gastón Vidaurrázaga (MIR), al periodista José *Pepe* Carrasco (MIR) y al publicista Abraham Muskatblit (PC). Faltaron seis, para completar la retaliación. Una vez más se desató en Chile una represión feroz y generalizada. El país fue declarado en estado de sitio. Las revistas opositoras, clausuradas. En la oficina de la EFE se recibieron amenazas dirigidas a mi persona. Ramiro Gavilanes gestionó mi asilo ante la embajada de España en Santiago y traslado a las oficinas matrices en Madrid. Durante esos días previos al viaje, me acogió en su hogar. En los hechos, la suya fue mi «casa de seguridad».

Ya en Madrid, visité las oficinas de la revista *Araucaria de Chile*, elaborada por Volodia Teitelboim (director) y Carlos Orellana (editor), la principal publicación cultural chilena de resistencia y en cuyas páginas eran acogidas poesía y prosa de escritores del interior y del exilio: «Para Juan Jorge Faundes, que nos trae Chile, y ha sufrido por la libertad, Neruda le da la bienvenida a España, / fraternalmente / Volodia Teitelboim, / Madrid, 19 de septiembre de 1986», escribió Volodia autografiándome su *Neruda*, publicado en España por Ediciones Michay S.A. Fue el comienzo de una amistad con Carlos Orellana que, tras la caída de la dictadura, continuamos en Chile porque fuimos vecinos en el mismo edificio en calle Esmeralda frente a La Posada del Corregidor. Con Volodia tuvimos intercambios de correspondencia entre Moscú y Bogotá y luego una entrevista y encuentros casuales cuando dirigí en Chile la revista político-cultural *Pluma y Pincel*, que era del Partido Comunista.[2]

Después, sin duda marcado por mi paso por el Seminario Pontificio de Santiago (1965-1967) —del cual, en medio del oleaje de una Iglesia latinoamericana convulsionada por el Concilio Vaticano II, los curas obreros, las guerrillas del Che, Inti Peredo y Camilo Torres, nos salimos mi curso completo, menos un compañero que hoy es obispo—, continué oficiando mi *Misa Pagana*. Así, profeticé mis versos en Madrid, a fines de 1986, en un acto de solidaridad con Chile; en Bogotá, el 8 de septiembre de 1987 en la Casa de Poesía Silva y el día 11 en la Casa Colombiana de Solidaridad con los Pueblos, y, ya de regreso del exilio, en Santiago, en el bar cultural La Casa en el Aire, el día 14 de enero del 2008.

Todavía tengo una caja con recortes, hojas sueltas y algunas cartas que me enviaron desde Chile y Suecia; y mi marco teórico para la poesía de resistencia (o subversiva, y en ese sentido revolucionaria), marco que todavía sustento y que es el que entrego en el presente libro.

Marco teórico: *Pars pro toto*

Es simple: se origina en la técnica de la *pars pro toto* —la parte por el todo— que Serguei Eisenstein utiliza en *Cinematismo*[3] para explicar cómo construir su lenguaje cinematográfico, esencialmente dialéctico. Unas cuantas pinceladas en una tela, que sugieran humaredas, soldados y caballos —la *pars*—, pueden lograr que el observador —activo— de la pintura (y en su caso del filme) evoque el fragor y en general una situación de batalla: el *toto*.

Del mismo modo, en literatura y de manera especial en poesía, al lector (observador, receptor, siempre activo) se le ofrecen *pars* (significantes, o signos, o sistemas de signos: textos) que le estimulan la evocación del respectivo *toto* (significados, sentidos) en sus mentes. El significante (*pars*) «l-e-ó-n» (un conjunto externo de letras ordenadas de una manera determinada) invoca en el interior de la mente del destinatario del mensaje el significado «león» (*toto*), que es una representación mental, semántica, del referente, externo, //león//. En conjunto (la totalidad significante/significado/referente) constituye un signo. En ese nivel del signo, el significado (que son todas las características del animal león) resulta de un proceso de denotación. Pero también, el signo «león» puede ser a su vez significante (el signo como *pars*) de un significado mayor, de un conjunto de propiedades (*toto*) que son propias del animal //león//, tales como fortaleza, potencia, agresividad, dinamismo.

En «El Rayo que no cesa» (1936), el poeta español Miguel Hernández escribió estas dos primeras estrofas:

Un carnívoro cuchillo
de ala dulce y homicida
sostiene un vuelo y un brillo
alrededor de mi vida.

Rayo de metal crispado
fulgentemente caído,
picotea mi costado
y hace en él un triste nido.

El primer verso, *un carnívoro cuchillo,* es un sistema textual cuyos componentes significantes son dos signos (*pars*) relacionados entre sí: el signo *carnívoro* y el signo *cuchillo* y sus correspondientes *totos* semánticos, implícitos, que provienen de la memoria social, cultural o semántica, y que encontramos, por ejemplo, en el diccionario de la Real Academia Española de la Lengua (DRAE).

Ese conjunto significante (*carnívoros cuchillos*) hace las veces de *pars* que, al ser leído o escuchado invoca además un *toto* connotativo que proviene de la memoria episódica, personal, del campo de resonancias o significaciones (dimensión semiológica). Este *toto* connotativo se forma a partir de las experiencias, lecturas, historia, etc., del destinatario. Y le es evocado por la relación/ contradicción/ colisión generada entre ambos. En mi niñez y adolescencia de los años cincuenta y sesentas, lector de las novelas de Emilio Salgari y las aventuras de Sandokán, Yáñez y Tremal-Naik, un carnívoro cuchillo seguramente me habría remitido a las selvas de Borneo y a las cimitarras con las que estos, mis héroes, los Tigres de Mompracem, se abrían paso por entre la jungla. Medio siglo después, tras la experiencia de la dictadura, asocio los carnívoros cuchillos con los corvos usados por los agentes de la Dirección Nacional de Inteligencia (DINA) para abrir los vientres de los opositores que lanzaban al mar amarrados a rieles, hoy detenidos desaparecidos. Para Miguel Hernández, en su experiencia, el carnívoro cuchillo «de ala dulce y homicida» representaba el dolor amoroso «que va revoloteando e hiriendo al poeta».[4] Y estaría inspirado en sus lecturas de Rubén Darío, con cuyo poema «Augurios» estos versos tendrían una relación de intertextualidad:[5]

> *Hoy pasó un águila*
> *sobre mi cabeza,*
> *lleva en sus alas*
> *la tormenta,*
> *lleva en sus garras*
> *el rayo que deslumbra y aterra.*

Además, hay una tercera dimensión interpretativa, la pragmática, que es el campo del sentido, según circunstancias o contextos específicos extralingüísticos. En resumen, cada *toto* es un complejo de ideas, sensaciones, emociones, juicios, etc., según la experiencia, conocimientos, creencias, cultura, etc., del lector. No están dichos, no son explícitos, pero son necesariamente invocados y evocados en el proceso de descodificación.

En el *Romance de la Guardia Civil Española* (1928), Federico García Lorca escribe:

> *Los caballos negros son.*
> *Las herraduras son negras.*
> *Sobre las capas relucen*

manchas de tinta y de cera.

García Lorca parte de lo sensorial, sus imágenes apelan a los sentidos: animales colores, cosas colores. Estos versos —*pars*— hacen al receptor evocar *totos siniestros*: «caballos-negros», «herraduras negras», «capas relucientes», «manchas... tinta... cera». Además, el ritmo corto, dinámico —*pars*— hace evocar un tropel:

Tienen, por eso no lloran,
de plomo las calaveras.
Con el alma de charol
vienen por la carretera.
Jorobados y nocturnos,
por donde animan ordenan
silencios de goma oscura
y miedos de fina arena.

En estos versos, los signos —*pars*—: calaveras de plomo, almas de charol, jorobados, nocturnos, etc., siguen evocando/invocando en el lector (o auditor) *totos* siniestros. *Totos* que no son solo racionales, conjuntos de ideas, «modelos mentales» puros, sino también reacciones emocionales. En este caso, miedo.

Pero además interviene en el arte y en la literatura, en la poesía en particular, un segundo fenómeno, que es un efecto de *transferencia de propiedades*. Así, la connotación siniestra, el *toto* de las calaveras de plomo, de los jorobados nocturnos, de las almas de charol, por estar cumpliendo la función de metáforas, se transfiere en la mente de los lectores (receptores) al objeto o referente de esa metáfora: en este caso a la Guardia Civil, que adquiere esa siniestrabilidad.

Colisión de totos o dialéctica poética

Luego de la transferencia, el poeta busca generar una *colisión de totos* en la mente de sus auditores o lectores para procurar la creación de síntesis nuevas. Así, en poesía subversiva se trata de arrojar *pars* rompe-esquemas, o sea, que generen en las mentes receptoras colisiones de *totos*, y de *totos* versus *modelos de situación, guiones* y *modelos de contexto* (categorías de Teun A. Van Dijk) que contribuyan (o puedan llegar a contribuir) a una liberación de la ideología dominante, o al menos a generar fisuras en los discursos hegemónicos.

El formato «misa» es una *pars* —en el campo del texto— que nos remite al *toto* «misa» —en el campo de la mente— con todas sus connotaciones religiosas católicas. Genera la expectativa de que lo que seguirá en el discurso será todo lo correspondiente a una misa.

En el nombre del Padre, del Hijo y del Espíritu Santo, Amén.

Es una proposición ritual, un texto declarativo (*pars 1*), cuya forma nos remite al rito del comienzo de la misa (*toto 1*). Y cuyo contenido (*pars 2*), al referente Santísima Trinidad (*toto 2*). Pero si modifico el contenido:

En el nombre de José Manuel Parada, Manuel Guerrero y Santiago Nattino Santo, Amén,

...genero una *pars 3* cuyo referente son ahora los tres degollados por la DICOMCAR (*toto 3*), tres mártires de la defensa de los Derechos Humanos, de la resistencia contra la dictadura, que no corresponde al discurso de la misa, sino al discurso de denuncia de la dictadura por sus violaciones a los derechos humanos.

Se genera entonces una *colisión* dialéctica de *totos*. El formato continúa convocando al rito de la misa (*toto 1*) e invocando sin nombrarla al referente Santísima Trinidad (*toto 2*). Pero el nuevo contenido (*pars 3*) convoca a la memoria de la atrocidad cometida por la dictadura (*toto 3*). Hay de manera evidente una colisión, una contradicción dialéctica entre la expectativa de la misa y el referente Santísima Trinidad (*totos 1 y 2*) que adquieren la condición de *tesis*, y el *toto 3* que ejerce la función de *antítesis*. Como resultado de ello, en la mente del receptor (lector, auditor) se genera una *síntesis*. Una nueva realidad, un *toto 4*, en este caso.

Hay dos categorías de Van Dijk, que pueden contribuir a la comprensión de lo anterior: representación textual (RT) y modelo de situación (MS).[6] La primera corresponde a la representación mental que se hace el lector o auditor en su memoria episódica del texto enviado-recibido, de su significado semántico, equivale a la *pars*. La segunda, el MS, al Todo que aquella *pars* invoca y convoca, al *toto*.

Un modelo de situación (MS) es todo cuanto una persona tiene en su mente —la noción cognitiva— acerca de una situación determinada, según sus experiencias, conversaciones, lecturas, sentimientos, formación, cultura, ideología, etc., y puede estar compuesto tanto de conocimientos como de prejuicios y creencias.

En el ejemplo que estamos analizando, la colisión dialéctica se produce entre los dos modelos de situación (MS) convocados por el texto ritual (*En el nombre de José Manuel Parada, Manuel Guerrero y Santiago Nattino Santo, Amén…*). La contradicción se produce entre el MS que el lector/auditor tiene sobre la misa (tesis) versus el MS que tiene sobre los degollados Parada, Nattino y Guerrero (antítesis). La síntesis resultante de aquella colisión es un nuevo modelo de situación (MS), que será diferente en cada caso particular.

Literatura subversiva

La literatura subversiva es el arte de crear un poema, cuento, novela, etc., que provoque en la mente del destinatario reacciones emocionales y racionales que desarticulen sus modelos de situación, de contexto y guiones funcionales al sistema o fenómeno que se pretende transformar; y, en ellos, de los mitos, estereotipos, fetiches, tabúes, representaciones sociales, etc., que los componen. Su mecanismo fundamental es la sintaxis dialéctica que utiliza la contradicción (*colisión* eisensteiniana) entre signos o sistemas de signos y sus correspondientes espectros sémicos (la *pars* y el *toto* de Eisenstein) que entran en relación dialéctica de antítesis versus tesis generando nuevas síntesis emocionales y cognitivas críticas y favorables al cambio. Así, se envía al lector u oyente sistemas de signos (textos) que generan en su mente colisiones de *totos*. De esas colisiones surgen en sus mentes síntesis nuevas que contribuyen a una liberación de la ideología dominante o pensamientos hegemónicos que sostienen el sistema de explotación u otro que nos interese cambiar.

Esta sintaxis dialéctica opera a nivel de verso o frase (palabra versus palabra); de oración (frase versus frase); parágrafo (oración versus oración) y así sucesivamente abarcando unidades significativas cada vez más superiores o globales. También opera a nivel de soportes retóricos versus contenidos, etc. Es decir, funciona con toda colisión dialéctica (tesis / antítesis / síntesis) que se genere en la mente del destinatario (receptor, lector, oyente) entre cualquier tipo de unidad significativa y a cualquier nivel de particularidad o globalidad.

Podemos afirmar que hay cuatro clases de textos literarios, poéticos y en el caso que nos ocupa, subversivos, según las teorías del lingüista John L. Austin. Una primera distinción lo es entre enunciados descriptivos (constatativos) y performativos (realizativos). Por los primeros, el hablante describe una realidad, por los segundos, en el momento mismo de su enunciación el hablante instituye una acción transformadora, una nueva realidad.

En los enunciados descriptivos se pueden dar algunos o los tres casos de actos de habla de Austin: «Distinguimos así el acto locucionario [...], que posee significado; el acto ilocucionario, que posee una cierta fuerza al decir algo; y el acto perlocucionario, que consiste en lograr ciertos efectos por (el hecho de) decir algo».[7] En los performativos, se dan los tres, pero en el acto: se dice algo, se lo dice con fuerza transformadora, con poder realizador, y se impacta en la realidad, se produce la transformación por el solo hecho de decir.

Tendremos así, en el caso de los textos descriptivos, los versos, estrofas y poemas locucionarios, ilocucionarios y perlocucionarios. Aquellos cuyo contenido podemos describir o calificar como revolucionario, pero que carecen de fuerza e impacto. Aquellos que tienen un contenido pertinente y fuerza expresiva. Y aquellos que además del contenido y la fuerza, son eficaces por sus efectos. Austin los describe del siguiente modo:

> Pareció conveniente, por ello, volver a cuestiones fundamentales y considerar en cuántos sentidos puede afirmarse que decir algo es hacer algo, o que al decir algo hacemos algo, o aún porque decimos algo hacemos algo. En primer lugar, distinguimos un grupo de cosas que hacemos al decir algo. Los agrupamos expresando que realizamos un *acto locucionario*, acto que en forma aproximada equivale a expresar cierta oración con un cierto sentido y referencia, lo que a su vez es aproximadamente equivalente al «significado» en el sentido tradicional. En segundo lugar, dijimos que también realizamos *actos ilocucionarios*, tales como informar, ordenar, advertir, comprometerse, etc., esto es, actos que tienen una cierta fuerza (convencional). En tercer lugar, también realizamos *actos perlocucionarios*; los que producimos o logramos porque decimos algo, tales como convencer, persuadir, disuadir, e incluso digamos, sorprender o confundir. Aquí tenemos tres sentidos o dimensiones diferentes, si no más, de la expresión el «uso de una oración» o «el uso del lenguaje» (y por cierto, también hay otras).[8]

Examinemos bajo este prisma el comienzo del poema «Palabras de Año Nuevo» del poeta chileno Efraín Barquero:[9]

Palabras de Año Nuevo

El título del poema (*pars*) es un acto de habla locutivo que invoca desde el dominio de la memoria semántica, social, cultural, los significados (*toto*) de recibimiento alegre de un año que comienza, con apertura de champaña, lanzamiento de fuegos artificiales, bailes, abrazos. Genera una expectativa de fiesta. Luego viene el primer verso:

> Pongo el pulgar ensangrentado en el papel:

Se observa aquí un acto de habla ilocutivo que informa de una acción que tiene una fuerza expresiva por lo inesperado y contradictorio de lo que describe. Como *pars* este verso llama a un *toto* cargado de dolor, tragedia, incertidumbre. La imagen en primerísimo plano de un pulgar ensangrentado.

Luego, en el segundo verso, el acto de habla perlocutivo, con el cual el hablante pretende una reacción, un efecto, un impacto en el destinario:

> ...ese es mi saludo para este año que comienza.

Nuestro horizonte de expectativas es sacudido. El dolor y la sangre es la antítesis de una fiesta. El *toto* cargado de dolor y tragedia colisiona con la alegría de los fuegos artificiales y los abrazos. Más aún por estar en el contexto de un libro que es una antología poética de resistencia a la dictadura.

Como un cuarto tipo de poemas estarán los performativos, que en una sola instancia, simultáneamente y mientras se ejecutan, transforman la realidad.

La performatividad del poema

Que un poema sea un acto de habla *performativo*, significa que en el acto de su enunciación realiza la acción que significa: «*yo prometo*» es un enunciado performativo pues implica la realización simultánea por el hablante de la acción evocada. John L. Austin[10] plantea la existencia de dos tipos de enunciados: constatativos y *performativos*. Los primeros los utilizamos para describir determinadas cosas; con los segundos no se constata o describe nada sino que *se realiza un acto*; por el mismo hecho de ser expresado, se realiza. En *Como hacer cosas con palabras*, Austin propone el acto de habla como acción: «decir algo es, en sentido normal y pleno, hacer algo».[11] Un enunciado performativo no puede evaluarse en términos de verdad o falsedad; es lo que lo diferencia de una proposición descriptiva. Verbos como declarar, jurar, prohibir, prometer, etc., usados en presente son performativos: declaro, juro, prohíbo, prometo.

Esto implica que con el acto del poema revolucionario (cuando se publica, se distribuye, se adhiere a un muro, se recita, o se actúa) la subversión se realiza. El poema mismo *es* la subversión.

No obstante, lo performativo requiere de un contexto. Si en un régimen democrático grito «¡Abajo el dictador!», mi grito no es performativo ni mi acto subversivo (salvo que sea una metáfora para referirse al Pueblo). Si lo hago en una dictadura, bajo estado de sitio, en el pórtico del Palacio de Gobierno, su sola enunciación es rebeldía.

Un tipo de contexto es el institucional, normativo, jurídico-político por medio del cual las palabras adquieren el poder de hacer. Según Jacques Derrida (1930-2004), por mucho que alguien diga, por ejemplo, «Yo inauguro este barrio», si previamente no existe una convención, un patrón de comportamiento autorizado que permita que las palabras y las acciones tengan el poder de transformar la realidad, el barrio no se inaugura.[12]

El acto de habla performativo instaura en su contexto una realidad antes inexistente, que viene a ser la propia acción y sus consecuencias: «Os declaro marido y mujer». Por la performatividad, las palabras tienen un poder instituyente, crean las situaciones que nombran, inclusive, de tanto repetirlas, como en un ritual, las naturalizan, como según Judith Butler ocurre con «el carácter performativo del género», una construcción social, pues se determina «mediante actuaciones sociales continuas».[13]

El poema subversivo —tanto el perlocutivo como el performativo— actúa sobre el destinatario y transforma en algún grado sus *modelos de situación* acerca de la realidad que nos interesa subvertir (por ejemplo una visión justificadora de la dictadura) o sus *guiones* (que son una suerte de genéricos diagramas de flujo acerca de como *siempre* son determinados procesos: guión de guerra civil, guión de gobierno democrático, guión de noticiero de TV, guión de ida al mall, guión de paseo dominical, etc., y que corresponden a la memoria semántica, pues son compartidos, de carácter social o cultural) o sus *modelos de contexto* (que corresponden a cómo se para ante el mundo una persona, su situación enunciativa, su perspectiva estratégica en función de sus grandes y menores intereses). La conciencia de clase, por ejemplo, corresponde a un modelo de contexto. Postular que «nada se puede cambiar porque siempre ha sido así», también es una modalidad de modelo de contexto.

Roland Barthes, en *El grado cero de la escritura*, contribuye a nuestra reflexión sosteniendo que la estimulación del «espectro sémico» (nosotros diríamos que la invocación de los *totos* semánticos, semiológicos y pragmáticos) se produce no solo por el contenido, sino además por el sonido (dimensión fonética) y por la forma y disposición gráfica (grafismo).[14] Podemos agregar que también por los demás elementos retóricos: el tiempo (cronológico y verbal), el espacio (geográfico y lugares en general de la acción), el ritmo (los períodos de duración de cada unidad sintáctica) y el tono (triste, alegre, etc., que resulta de la articulación del sistema retórico).

Cuando en el contexto de la dictadura de Pinochet, Violeta Zúñiga, del conjunto de la Agrupación de Familiares de Detenidos Desaparecidos, viuda de Pedro Silva Bustos, está bailando la cueca sola frente a las puertas de La Moneda,[15] está realizando un acto performativo. Su acto de bailar esa cueca, con esa letra, allí, es rebelión, es subversión. Es una *pars* que convoca a su marido, y a los miles de detenidos desaparecidos, a bailar con ella, allí, en el territorio y en las narices mismas de su victimario. Su acto da la vuelta al mundo y genera repudio a la tiranía y solidaridad y apoyo a las mujeres de la Resistencia.

Los poetas de la resistencia

Dos generaciones de poetas fueron las más significativas en el ejercicio de una literatura y poesía de resistencia. La llamada Generación Literaria de 1960,[16] formada por narradores y poetas que nacieron entre los años 1936 y 1945 y comenzaron a publicar preferentemente entre 1966 y 1973. Según el sitio Memoria Chilena, de la Dirección de Archivos, Bibliotecas y Museos de Chile (DIBAM), pertenecen a esta generación Antonio Avaria, Floridor Pérez, Roberto Baeza, Poli Délano, Luis Domínguez, Ariel Dorfman, Carlos Olivárez, Eugenia Echeverría, Manuel Miranda, Guido Eytel, Fernando Jerez, Ramiro Rivas, Antonio Skármeta, José Leandro Urbina y Mauricio Wacquez.

La otra generación relevante fue la Generación de la diáspora y el exilio interno, que según Memoria Chilena de la DIBAM, comenzó su actividad tras el golpe de Estado de 1973 y estuvo —al igual que su predecesora— fuertemente marcada por este hecho histórico, hasta el punto que se puede, sin exagerar, hablar de esta fecha como un verdadero momento de inflexión en la poesía chilena, que debió enfrentar nuevas condicionantes para su quehacer. Pertenecen a esta generación Rodrigo Lira, José María Memet; Juan Luis Martínez, Jorge Montealegre; Teresa Calderón, Soledad Fariña y Eugenia Brito, Tomás Harris y Elicura Chihuailaf; Clemente Riedemann, Carlos Alberto Trujillo Raúl Zurita, Diego Maquieira, Elvira Hernández y Alejandra Basualto, Eduardo Llanos, Alexis Figueroa, Paulo de Jolly, Jorge Torres, y Erick Pohlhammer.

«El quehacer de los autores de esta generación constituyó un acto de resistencia y compromiso desde la literatura luego del "apagón cultural" que trajo consigo el Golpe de Estado. La palabra escrita volvió a surgir, en las prisiones, en el exilio, en la clandestinidad, en el espacio privado de un país desgarrado, y con ella un atisbo de esperanza, supervivencia y humanidad.

»Los fenómenos de la diáspora —dispersión de una colectividad o sus integrantes fuera del lugar de origen— y el exilio fueron vivenciados tanto por aquellos que debieron abandonar el país como por los que se quedaron, en la medida que se experimenta un sentimiento semejante de derrota y pérdida del sentido de pertenencia a una nación en que el estado proscribe a sus propios ciudadanos».[17]

Hay más nombres significativos: Carmen Berenguer, Hernán Miranda, José Ángel *Pepe* Cuevas, Guillermo Riedemann (Esteban Navarro), Bernardo Reyes, Leonel Lienlaf, Gustavo Adolfo Becerra, Rosabetty Muñoz, Elvira Hernández, Juan Pablo Riveros, Pedro Lemebel, Jaime Huenún, Adriana Alejandra Paredes Pinda, Juan Cameron, Juvenal Ayala, Omar Lara (y sus revistas *Trilce* y *Lar*), entre otros.

En 1978, el poeta Mahfud Massis, publicó en Caracas el libro *40 poetas contra la infamia*, en el que incluye poemas de Germán Marín (*En verdad, / compañero Allende, / usted nos hizo llorar / ese 11 de septiembre; / rodeado en La Moneda / por las tropas fascistas/...*); de Gonzalo Rojas (*Se me pide que escriba, que escriba, escriba, escriba: / de qué / voy a escribir sino de espina y sombra, / que hace ya cuatro meses, que el cielo es un chillido / de Arica a Dawson; que no viene nadie, / que nadie, nadie viene a sacarnos, que nadie, / que no sabemos nada; y presos, presos, presos?/...*); de Gonzalo Millán (*Del sur dolorosamente lejos / vienen atados y quedos / a romper la rutina de aquí / que hiela y rutila. / En un camión llegan / y son descargados, / amigos muertos / en sacos de correo.*); de Ariel Dorfman (*Y ese ¿quién es ese / al lado del tío Roberto? / Ay, niña, pero si ese es tu padre. / ¿Y por qué no viene el papá? / Porque no puede. / ¿Está muerto el papá? / que nunca viene? / Y si le digo que el papá / está vivo, / estoy mintiendo / y si le digo que el papá / está muerto, / estoy mintiendo./ …*); de Hernán Lavín Cerda (*Muy de noche, entre los grillos, Alguien nos dice / como del otro lado: / no explotéis a los débiles, dejad vivir en paz / a las atormentadas viudas, que nadie despoje a los huérfanos / …*); de Efraín Barquero y muchos más.

También habría que mencionar a más poetas que resistieron con el arma de sus palabras como Gustavo Donoso, Sergio Astudillo, y entre las generaciones nuevas, que hoy ejercen la crítica poética, está Karen Hermosilla (*¡Qué nos dirían las amazonas de haber existido! / ¿Qué nos dirían / Cómo nos torturarían de saber que nuestra sangre es un nicho de consumo?...*).[18] En la antología *Mercado Negro* (1997) encontramos a Marcos Fajardo que nos entrega sus «Versos escritos mientras el profe hablaba de teoría literaria» (*El Mamo se echó a Letelier / y juega Internet en Punta Peuco. / Juan Pablo Dávila estafó al país /y almuerza arroz con pollo en el casino de Capuchinos. / Yo estoy en la Peni. / Me pillaron vendiendo cassettes piratas*). Yasmín Fauad Núñez (*Grandchester*) y Carmen Andrea Mantilla son también de las generaciones que publican a fines de los noventa y en las primeras décadas del presente siglo.

Esta antología

En la breve antología que se ofrece a continuación, el acento estuvo en el ejercicio de una poesía de resistencia durante la dictadura y de poemas que tuvieran una función crítica en los años de la transición y en el presente. No pretende esta selección ser exhaustiva ni menos totalizante, sino dar cuenta y mostrar algunos ejemplos de una poesía que llamamos «revolucionaria» en el sentido que durante el régimen pinochetista usó los poemas como arma política, con calidad literaria y sin caer en el panfleto (aún cuando, fuera de su contexto un panfleto puede llegar a ser tan literario como obra de arte el urinario de Duchamp). Los requisitos de esta poesía revolucionaria son su propósito y efecto subversivo, por su contenido (ya lo explicamos), por su forma (subversión del lenguaje) y por su capacidad de impacto, principalmente en los sentimientos y pensamientos hegemónicos. Sea el texto de carácter descriptivo o performativo.

No están todos quienes debieran estar, sino más bien un grupo representativo seleccionado bajo la severa limitación del escaso tiempo que hubo para ello y, dada esa circunstancia, de las oportunidades para establecer contacto por medio de teléfono, email o redes sociales de Internet.

Los antecedentes biográficos de los poetas seleccionados fueron aportados en algunos casos por los propios autores y en otros obtenidos de fuentes de Internet, en particular del sitio Memoria Chilena de la Biblioteca Nacional, de la Dirección de Bibliotecas Archivos y Museos (DIBAM). En este último caso, se deja expresa constancia de ello ya que sus materiales están bajo una Licencia *Creative Commons Atribución-CompartirIgual 3.0 Unported.*

Pero antes de terminar, debo dejar constancia de que uno de los poetas de la Resistencia imprescindibles, aunque sea en el prólogo, es Floridor Pérez,[19] de cuyo libro *Memorias de un condenado a amarte* (Reencuentro Ediciones, 1993) reproduzco el poema siguiente:

La partida inconclusa

Isla Quiriquina, octubre 1973

BLANCAS: *Danilo González* (Alcalde de Lota)
NEGRAS: *Floridor Pérez* **(Profesor rural de Mortandad)**

1. P4R   P3AD
2. P4D   P4D
3. CD34   PXP
4. CXP   A4A

5. C3C   A3C
6. C3A   C2D
7. ...

Mientras reflexionaba su séptima jugada
Un cabo gritó su nombre desde la guardia
—¡Voy!— dijo—
Pasándome el pequeño ajedrez magnético
Como no regresara en un plazo prudente
anoté —en broma—: Abandona
Solo cuando el diario El Sur
la próxima semana publicó en grandes letras
la noticia de su fusilamiento
en el Estadio Regional de Concepción
comprendí toda la magnitud de su abandono

Se había formado en las minas del carbón
Pero no fue el Peón oscuro que parecía
condenado a ser, y habrá muerto
con señoríos de Rey en su enroque.

Años después le cuento esto a un poeta
Solo dice:
—¿Y si te hubieran tocado las blancas?

Juan Jorge Faundes
Santiago de Chile, 29 de julio de 2014.

Poema 1
La muerte de Allende

Propuse en mi conferencia y recital de 1987 en La Casa de Poesía Silva de Bogotá, lo escribí en la revista *Araucaria*, y todavía sostengo (apoyándome además en Eco y su *Obra Abierta*, y en Barthes), que la muerte de Allende en La Moneda fue el primer poema-acción de resistencia en Chile. Allende logra reconstruir el arquetipo (mito, estereotipo) del héroe, en particular de los héroes de la Historia de Chile que nos enseñan en el colegio, en las conmemoraciones anuales como la del 21 de mayo, y que anida en la conciencia e inconsciente de los chilenos. Su muerte al grito de «Allende no se rinde», es una *pars* que convoca a todos nuestros héroes, desde los de La Araucana —pues hay un hipertexto, una intertextualidad—. Es una mímesis voluntaria del arquetipo del héroe.

Desde el mismo día 11 de septiembre de 1973 cuando el infierno se nos vino encima en forma de helicópteros artillados, aviones bombarderos, tropas de asalto y agentes secretos contra quiénes éramos ciudadanos buscando construir un país más democrático, más solidario y más justo, tuve el convencimiento de que Salvador Allende, el Presidente de la República que mil días antes había alcanzado el poder por la vía pacífica para construir el socialismo, había sido asesinado por los militares mientras resistía con casco y fusil desde La Moneda en llamas, contra tanques y aviones en una batalla épica. Yo era periodista en el sur de Chile, 700 kilómetros al sur de Santiago, en Temuco, la ciudad que vio crecer y escribir sus primeros versos al joven Neftalí Reyes, que así se llamaba el poeta Pablo Neruda. Ser un reportero al servicio de la causa de campesinos e indígenas mapuches, me significó ser apresado y peregrinar por comisarías, un regimiento, la cárcel y una base de la Fuerza Aérea; en esta última, vendado, esposado y maneado durante varios días. Y tuve suerte. Son más de cinco mil los detenidos-desaparecidos y ejecutados por la dictadura. Diez años después, fui redactor primero y jefe de redacción más tarde de la opositora revista *Cauce*, hasta septiembre de 1986 cuando, al terminar otro encarcelamiento, salí al exilio, a Madrid. Pero esa mañana primaveral y soleada del día 11, en Temuco, escuché por radio Magallanes, antes de que los aviones golpistas bombardearan sus instalaciones, el último discurso del Presidente:

> Compatriotas: es posible que silencien las radios, y me despido de ustedes. En estos momentos pasan los aviones. Es posible que nos acribillen. Pero que sepan que aquí estamos, por lo menos con este ejemplo, para señalar que en este país hay hombres que saben cumplir con las obligaciones que tienen. Yo lo haré por mandato del pueblo y por la voluntad consciente de un presidente que tiene la dignidad del cargo…
>
> Quizás sea ésta la última oportunidad en que me pueda dirigir a ustedes. La Fuerza Aérea ha bombardeado las torres de Radio Portales y Radio Corporación. Mis palabras no tienen amargura, sino decepción, y serán ellas el castigo moral para los que han traicionado el juramento que hicieron…
> […]
> Ante estos hechos solo me cabe decirle a los trabajadores: yo no voy a renunciar. Colocado en un tránsito histórico, pagaré con mi vida la lealtad del pueblo. Y les digo que tengo la certeza que la semilla que entregáramos a la conciencia digna de miles y miles de chilenos, no podrá ser segada definitivamente. Tienen la fuerza, podrán avasallarnos, pero no se detienen los procesos sociales ni con el crimen, ni con la fuerza. La historia es nuestra y la hacen los pueblos…

La Comisión Nacional de Verdad y Reparación establecida por el democristiano Presidente Patricio Aylwin (1990-1994), el primero elegido tras la dictadura, concluyó en 1991: «...la Comisión ha debido establecer que el Presidente Salvador Allende se quitó la vida». La familia avaló, hasta hoy esa tesis, sustentada en sus últimas palabras y el testimonio del doctor Patricio Guijón, quien ha sostenido en reiteradas declaraciones de prensa que observó a Allende, desde un pasillo, entre el humo y el fragor del combate, ante una ventana que daba a calle Morandé, en el segundo piso de La Moneda, ser convulsionado por un disparo que le destapó el cráneo. Y al ver un fusil AK-47 entre sus rodillas, dio por supuesto que se había suicidado. Guijón tomó ese fusil (que sería uno que le regaló Fidel Castro, según el informe oficial) y lo puso sobre las piernas de Allende que yacía en un sofá. Luego se sentó a esperar la llegada de los soldados. Estaba en shock.

Un suicidio tras la batalla —para no entregarse vivo y dejar su testimonio y lección histórica escritos con sangre—, no era ni es contradictorio con el heroísmo, al contrario, marca su voluntad de hacerlo y dejar su acto heroico como un testimonio perenne para las nuevas generaciones. Y gracias a María Mercedes Carranza (1945-2003) que me abrió las puertas de la Casa de Poesía Silva ese mismo año 1987, pude presentar la muerte de Allende como la primera y ejemplar acción de arte de «La Poesía de la Resistencia Chilena».

La muerte de Allende cumple todos los requisitos de un acto performativo: no resiste el juicio de verdadero-falso. Sin lugar a dudas, «es». Allí está, o puso el pecho a las balas o se descerrajó un tiro. Y el mensaje está dado en el momento mismo de la acción: «Mis palabras no tienen amargura, sino decepción, y serán ellas el castigo moral para los que han traicionado el juramento que hicieron...». Su acto es un castigo para los militares que traicionaron su juramento patrio. Y luego: «Colocado en un tránsito histórico, pagaré con mi vida la lealtad del pueblo. Y les digo que tengo la certeza que la semilla que entregáramos a la conciencia digna de miles y miles de chilenos, no podrá ser segada definitivamente...». Es plenamente consciente de estar sembrando la resistencia y la revolución. Como en el Evangelio, «es necesario que el grano de trigo muera», él es la semilla, él es el grano de trigo del que nacerá como una espiga una nueva conciencia.

Estando ya en Bogotá, conmovido por esta conciencia y consecuencia, escribí un corrido que titulé «El héroe Presidente» y que en 1987 publicó en Madrid, España, la revista político-literaria *Araucaria de Chile*, voz de la intelectualidad chilena en el exilio, en su Nº 40. Fue garrapateado una madrugada de bohemia en el ya inexistente desayunadero bogotano «La Carbonera», de la Avenida 39 con Caracas, entre sorbos de aguardiente y sones de acordeón y guitarra que entonaban «El Ojo de Vidrio» y «Gabino Barrera». Finalizaba: *Cuando las tropas de asalto / A La Moneda llegaron / Al ver que no se rendía / Al héroe masacraron. // Aquí termina el corrido / Del héroe presidente / Que por el pueblo de Chile / Se transformó en combatiente.*

Juan Jorge Faundes

Guido Eytel

GUIDO EYTEL (Temuco, 1945). Narrador y poeta. Ha obtenido varios premios en concursos nacionales de cuento y poesía, entre ellos el Gabriela Mistral de poesía. En 1997 publicó su primera novela —*Casas en el Agua*— que obtuvo el Premio Municipal de Novela y el Premio Academia, de la Academia Chilena de la Lengua. A fines de 1999 publicó su segunda novela, *Sangre Vertió tu Boca*.

Entre otros premios, se le han otorgado los siguientes: Primer Premio en Poesía y Mención Honrosa en Cuento. Concurso Nacional «Todo Hombre tiene derecho a ser Persona», Arzobispado de Santiago (1978). Primero y Segundo Premio de Poesía de los Juegos Literarios Gabriela Mistral. Municipalidad de Santiago (1981). Premio Municipal de Novela por la novela *Casas en el Agua*, Municipalidad de Santiago (1998). Premio Academia, de la Academia Chilena de la Lengua, por la novela *Casas en el Agua* (1998). El cuento «Le juro que fue por amistad», dedicado a Jacqueline Drouilly y a Marcelo Salinas, detenidos desaparecidos, fue premiado en el Concurso de Cuentos Diario La Época de 1989, y entonces publicado en la antología *Cuentos de La Época*, Editorial Atena, 1990; posteriormente, en 2002, fue publicado en *Las historias que podemos contar*, Volumen I, Cuarto Propio / Últimos Tranvías.

Cuando en el sur florecían los cerezos

A mi primo Marcelo Salinas Eytel,
detenido desaparecido hasta hoy.

La calle no tiene hoy ni luz ni pájaro.
Quién va a cantar, quién va a levantar
una mínima esperanza luminosa.

Se vuelven otra vez los perros horizonte
y no hay agua para lavar esta injusticia.
Qué va a correr bajo los puentes
llenos de vergüenza, carcomidos
por la humedad del desamparo.

Yo no soy más que el testigo de la ausencia,
qué hago reclamando ante el vacío.

No sucederá otra vez:
las enredaderas ocultan la casa
y a la lluvia del tiempo
le dio por borrar todas las huellas.
¿Alguien ha visto un niño perdido?

He bebido cicuta:
se me dan vuelta las palabras
y como ciego busco
el gesto que perdí por esos días.
Qué lo voy a encontrar, cuál era.
¿Era una sonrisa, era un saludo,
era una manera de caminar
poniéndole el pecho a la injusticia?

Como siempre, esta noche
el mismo sueño me persigue: «si no,
primo, si no, si no era nada,
aquí estuve todo el tiempo,
soñando como tú bajo el manzano».

Qué voy a despertar.

La última vez usaba sandalias
y una chaqueta verde
del color del pasto
que brota a principios de noviembre.
¿Alguien supo qué le hicieron?
¿Cuando murió qué dijo?
¿Levantó una mano, gritó,
abrió los ojos
(se verá en sus pupilas la faz del asesino)
o solamente suspiró
y pensó que en el sur
estaban floreciendo los cerezos?

Hoy la calle no tiene luz ni pájaro.
Afuera el silencio parece que va a estallar.

El aire demasiado aire

Triste es saber que pájaros somos
y que nos cortan las alas antes de volar.
¿Para qué hicieron el viento
          y la nube
          y el árbol?
Entonces
¿Para qué estas ganas de volar?

El vuelo es demasiado azul
para esta ala mocha,
el aire demasiado aire
para la cortada pluma caudal.
¡Cantemos, pájaros baldados!

Destino de pájaros

De toda clase de pájaros
hay en esta jaula del Señor.
Pájaros secretarios, pájaros serpientes,
pelícanos golosos, cóndores perdidos,
lloicas desangradas, chercanes revoltosos,
grandes pájaros del mar, palomas mensajeras,
pájaros vigilantes, pájaros cantores.
Pájaros del bien y pájaros del mal.
En lo que todos se parecen
es que todos algún día caerán.

Especie en extinción

Los cazadores nunca nos dejarán tranquilos.
Pobre pajarita mía de las alas quebradas,
debo entrar furtivamente a los graneros
para que sobrevivas.
Pobre pajarita mía de las alas quebradas,
hemos perdido la batalla.
Ni águila ni halcón ni nada.
Solamente el solitario miembro
de una especie condenada a la extinción.

Bernardo Reyes

BERNARDO REYES es un escritor nacido en Temuco (Chile) en 1951. Desde el año 1978 cuando sus primeros poemas son publicados por el diario *El Mercurio*, ha mantenido una sostenida carrera literaria centrada en la poesía y el ensayo. Sus obras: *Poemario* (1978), *Pájaros de contrasueño* (1991), *Karmazul, para duendes y sirenas* (1996), *Retrato de Familia, Neruda (1904-1920)* con ediciones en 1996, 1997 y 2003, *Carta para un hijo imaginario y otras desmemorias* (1999), *Casas* (2001), *Álbum de Temuco* (2003), *Viaje a la poesía de Neruda* (2004), *Grito del solo* (2005), y *El enigma de Malva Marina, la hija de Pablo Neruda* (2007). Ha destacado por su condición de investigador nerudiano. Uno de sus hallazgos fue una antigua fotocopia de los hoy llamados *Cuadernos de Temuco* (Seix Barral, con ediciones de 1996 en adelante y traducción a varios idiomas) que contienen la primera poesía inédita de Neruda y que se habían dado por perdidos luego del remate de los originales por la casa de remate Sotheby's de Londres. Son unos cien poemas inéditos que se consideran uno de los hallazgos de mayor importancia literaria tras la muerte del Premio Nobel. Su investigación en el entorno familiar de Neftalí Reyes le permitió estructurar el ensayo *Retrato de Familia, Neruda (1904-1920)*. Entre otros reconocimientos, recibe en 2004 la Medalla Presidencial del Centenario Pablo Neruda, en reconocimiento a su investigación nerudiana, y en 2005 es invitado por el Principado de Asturias para recibir, en representación de Pablo Neruda, el reconocimiento que le otorgó ese principado como una de las personalidades más destacadas del siglo XX.

De fosas y de lobos*

Aunque ladran
parecen ser mansas ovejas pastando.
Y pastando muerden
con sus afilados dientes.

En esta extraña mueca
algo gira en su eje chillando.

(Algo pende.
Algo hace gesto de asfixia.)

En esa extraña mueca
algo, como un hueco negro,
me hace no verte.

Necesito que alguien me explique**

Necesito que alguien me explique
cómo respira un negro
y cómo un comunista.
Cómo lo hace un militar
y cómo un sacerdote.

Cómo un niño
y cómo un viejo.

---

* «De fosas y de lobos», del poemario *Pájaros de contrasueño*, autoedición, 1990, Temuco, Chile.

** «Necesito que alguien me explique», del poemario *Karmazul, para duendes y sirenas*, Isla Negra Ed., de Puerto Rico y Editora Búho, de Rep. Dominicana, 1996.

Necesito que alguien me diga
si en alguna medianoche de la tierra
los hombres por fin dormidos
no dejan acaso
sus alegrías y fusiles
al lado de su lecho.

Un niño sonríe*

Un niño juega con una fruta podrida,
y sonríe.

No importa que ande descalzo y que llueva,
él sonríe.

No Importa que lo odien sus padres.
Él sonríe.

Que quede constancia:
en Temuco y en el mundo entero llovía
mientras un niño
sonreía.

---

*   «Un niño sonríe», solo se ha publicado en diarios y revistas a partir de 1978.

Carmen Berenguer

CARMEN BERENGUER publica su primer libro, *Boby Sand Desfallece en el Muro*, en el año 1983. Un gesto político, porque en ese entonces había que pedir permiso al Ministerio del Interior para hacerlo. El libro tuvo una muy buena recepción y considerado un libro muy singular porque sus claves literarias eran visuales y singulares en el imaginario nacional. En 1986, publica su segundo libro *Huellas de Siglo*. Una visión femenina del tránsito callejero, un nomadismo suelto que recoge el parloteo citadino.

En 1988, Berenguer escribe la metáfora del luto nacional, con voces de mujeres como eco ultrajado de la nación intervenida por los militares. El libro es una metástasis de discursos desplazados en la página, como lugar de encierro.

Luego va más lejos y la página ahora es la piel manchada del individuo latinoamericano en *Sayal de pieles*, 1993, libro que sorprende en el medio crítico nacional acostumbrado a decir las cosas por su nombre. Aquí no hay sujeto ni nombre alguno salvo manchas del hambre y de las enfermedades de la pobreza latinoamericana.

En 1997 recibe la beca John Simon Guggenheim. En 1999, publica *Naciste pintada*, donde las casas son el lugar literario por donde se han desplazado hablas, recortes, textos y testimonios de mujeres encerradas en las casas como soporte de sus tribulaciones.

En 2006 publica *mama Marx*, fragmentos urbanos de la historia reciente en Chile: Paródico y urbano, íntimo y visual, a través de la crónica y la poesía, relata fragmentariamente el trauma reciente en Chile.

En 2008, recibe el Premio Iberoamericano de Poesía Pablo Neruda. Es la primera mujer chilena que recibe este galardón.

En 2013, Mago Editores publica la antología *Venid a Verme Ahora*.

Bobby Sands desfallece en el muro*

Undécimo día
Vacío en la lengua seca
Habla porque es lo único
    digna lengua

Día 16
El ojo vendado muere
Belfast muere y vive
enmurallada

Día 26
Débil veo el campo
sembrado
El maíz en la copa de los cerros

Día 30
Débil llega el mar
hasta mi cuarto
meciéndome
entre sus algas dedos

Puro mar es tu aroma
en mi cuarto
Son tus fauces diente
Es tu espuma la roca
que tapiza tu cielo feraz
día 31

Día 34

---

* Del libro *Boby Sands Desfallece en el Muro* (1983).

Náuseas la náusea
Con los labios pintados
vomita la muerte

Último día
He plantado ya la bandera
de Irlanda en los acantilados
libre mar de mi celda

Santiago punk*

I

Punk, Punk
War, war. Der Krieg, Der Krieg
Bailecito color obispo
La libertad pechitos al aire
Jeans, sweaters de cachemira
Punk artesanal made in Chile
Punk de paz
La democracia de pelito corto
Punk Punk Der Krieg Der krieg
Beau monde Jet-set rightists
Jet-set leftists
Pantaloncitos bomba
Pañuelito hindú
Chaquetitas negras Carlotitos
Liberalismo Taiwan
Balitas trazadoras para mantenerte

---

* Del libro *Huellas de siglo* (1986).

Cafiche marihuanero

2

FMI la horca chilito en prietas
Tanguito revolucionario
Punk Punk paz Der Krieg
Whiskicito arrabalero
Un autito por cabeza
Y una cabeza por un autito
(BMW Toyota Corolla Japan)
Japonés en onda
La onda provi on the rocks
Rapaditos Hare Krishna Hare hare
Sudoroso mormón en bicicleta
Aleluya la paz
Patitas de chancho
Caldo de cabeza

3

Footing footing a los cerros
Unemployment 42 d street
La cultura viene de Occidente
La alameda Bernardo O'Higgins en el exilio

Alameda las delicias caramelos candy
Nylon nylon made in Hong-Kong
Parque Arauco
Lonconao
Top-less cuchufletos, silicona
Rapa-nui en botellas
Colchones de agua en la cúpula

Coito colectivo

4

Pacos macumberos lumeros
Cucas, guanacos loros soplones
Der Krieg Der Krieg Punk Punk
La raza old england toffeee
Sampoñita lagrimera
Huayñito hard-rock
Police police Punk Punk
Guitarrita beatle
Virgencita del Carmen
Patroncita del ejército

Fragmentos de Raimunda*

La expatriada Raimunda está hablando
sin tierra les habla desde el aire
inhala y expulsa improperios casi
difunta susurra su lengua espesa
donde cantar no puede su letanía

Fuera del edén la pordiosera Raimunda
vocifera Me he tragado un volcán y bailo
y canto Me usaron y uso fármacos para
dormirte occidente En una balsa al mar
para mecerte

Este fragmento es para ti porque ya no

---

* Del libro *A media asta* (1988).

puedo contigo ni mirarte puedo
Allí donde habité por siglos y siglos
se va perdiendo en un hilo el infinito
porque nada queda ya ni el seguro de la puerta
ni el púrpura malva de tu boca se quebró de espanto

Este fragmento es para ti porque ya no
puedo contigo ni mirarte puedo
Allí donde habité por siglos
se perdió en el infinito nada queda
el cerrojo de la puerta ni el pubis de tus labios
solo el mujido espanta

después que te entregué los hijos
después que acosté contigo
hablé hasta el alba pariendo

Tomás Harris*

---

* Biblioteca Nacional de Chile. Tomás Harris (1956). Memoria Chilena. Disponible en http://www.memoriachilena.cl/602/w3-article-3715.html. Accedido en 29/7/2014.

TOMÁS HARRIS, Profesor de Castellano y Magíster en Literaturas Hispánicas de la Universidad de Concepción, nació el 3 de junio de 1956 en La Serena. Trece años más tarde se trasladó con su familia a Concepción, donde pasó su juventud. Comenzó a escribir en 1979.

En 1982, publicó su primer poemario *La vida a veces toma la forma de los muros* y tres años más tarde comenzó a concitar la atención de la crítica por la publicación de su obra *Zonas de peligro*, que la especialista Soledad Bianchi ha considerado como «una de las construcciones poéticas más interesantes y novedosas de la literatura producida con posterioridad al golpe de estado» (Bianchi, Soledad. «Tomás Harris: Abordar la Forma de lo inasible», *Mapocho*, (41): 224-228, primer semestre 1997).

La positiva recepción de la crítica para la obra de Tomás Harris se consolidó en 1992, cuando recibió el Premio Municipal de Poesía de Santiago por su trabajo *Cipango*. A partir de este título, su poesía continuó desarrollando el tema del viaje e inició un diálogo textual con las crónicas de Indias y otros relatos, construyendo así una «antiépica» latinoamericana, marcada por su carácter narrativo y por el uso de monólogos dramáticos.

En 1995 obtuvo el Premio del Consejo Nacional del Libro y la Lectura por su trabajo *Los 7 náufragos*, libro que, según él mismo señaló, es el «más personal y original» que ha escrito (*El Día* (La Serena), jueves 14 de febrero de 2002, p. 24). En 1996, Harris recibió el Premio Pablo Neruda y el año siguiente, el Premio Casa de las Américas, por su libro *Crónicas Maravillosas*. En aquella ocasión el jurado destacó que esta obra era: «una parodia de la épica en tono grotesco y representa la locura asumida como forma de conocimiento» (*La Nación*, 26 de enero de 1996, p. 31).

Zonas de peligro*

Así como largas y angostas fajas de barro
Así como largas y angostas fajas de noche
Así como largas y angostas fajas de musgo rojo
sobre la piel.
Las zonas de peligro son ininteligibles. O las
prefigura un rojo disco de metal,
símbolo de un sol mohoso al fondo de una calle desmedrada,
meado por los perros
Las zonas de peligro son inevitables; te rodean
el cuerpo en silencio,
en silencio te lamen la oreja,
en secreto te revuelven y ojo,
sin el menor ruido te besan el culo
y lo escasos letreros de neón ocultan su única identidad:
CAMPOS DE IEXTERMIINIO.

Los cuerpos

Innominados,
los cuerpos, como sin ojos, no sé si te miran,
                                        pero te miran.

Zonas de peligro

Así como largas y angostas fajas de sangre
de semen de pintura seca de baba de
tinta derramando muros y detritus rampas

---

* Este poema y los siguientes son fragmentos de «I. Zonas de Peligro», en *Cipango*, ediciones Documenta y Cordillera, Santiago, 1992.

y fosos por estas márgenes del Bío-Bío
largas y angostas fajas de sangre
largas y angostas fajas de semen
largas y angostas fajas de tinta
el espacio menstrual inaugurando sus fajas
de cultura sus fragmentos de Poder
a tu ojo a tu culo a tu idea a tus ga-
nas lo rojo lo negro lo pardo lo
amarillo partenogénesis del nuevo mundo
putas señales zapatos papel confort
animales insospechados el líquen orgánico
el lirio vaginal
son la fijación móvil constante
                        fragmentos
humanos como manchas.

Zonas de peligro (final)

Orompello el Cerro la Cruz la muerte
no me van a decir ahora que esa mole que tacha
el Bío Bío es el puente de Brooklyn que los
muertos de mil novecientos setenta y tres
era un teatro de sombras exhibido al nivel de
las aguas sombras chinas rebasando las márgenes
o quizá sombras chinas   se ha perdido la medida
de las cosas en esta ciudad sudamericana   al
sur de las estrellas   las estrellas se volvieron
fuego alumbrado público   hoyos
no nos van a venir ahora con que Orompello   era
un puro símbolo echado sobre la ciudad el amor
piltrafa el cuerpo de nuestras mujeres el amor
es otro trabajo enajenado acá el sur de nin-

guna   cosa las estrellas eran orificios en el
cielo   en   los   muros   en los
cuerpos   huecos   rojos
huecos   por donde se transparentaba
este   baldío.

(1979-1981)

Clemente Riedemann*

---

* Biblioteca Nacional de Chile. «Clemente Riedemann», en: Poetas chilenos de la década de 1980. Memoria Chilena. Disponible en http://www.memoriachilena.cl/602/w3-article-96857.html. Accedido en 28/7/2014.

Detenido entre 1973 y 1974 por su militancia en el Movimiento de Izquierda Revolucionaria (MIR), Clemente Riedemann es una de las voces más definidas de la poesía chilena de la década de 1980. Nacido y criado en el sur (Valdivia, 1953), su formación literaria se encuentra vinculada a su contexto geográfico. La poesía de Clemente Riedemann se adentra en el paisaje que la circunda, dialogando permanentemente con la tradición cultural y poética mapuche, a la que usualmente se le asocia. Dentro de su sólida trayectoria poética, destacan libros como *Karra Maw'n* (1984), *Primer arqueo* (1989) y *Rito de pasaje* (2000).

Profesor de Historia y Geografía, con estudios en Antropología y Comunicaciones, además de su obra poética, ha investigado el patrimonio cultural de la zona sur de nuestro país y ha incursionado en diversos géneros literarios como el teatro, la canción popular y el artículo crítico, recibiendo varios premios y reconocimientos por su trabajo, entre estos el Premio Nacional de Poesía «Pablo Neruda» (1990), el Premio Municipal de Poesía de Santiago (2002) y el Premio internacional «Casa de las Américas», Cuba (2006).

La maldad del Wekufe*

Los indios desconfiaron de Chaw-Ngënechen
EL SER DIVINO
        cuando vieron muchos hierros
y caballos
    ¡WINKA! —dijeron,
¡KIÑE PATAKA WINKA PIKUNPÜLE! —dijeron,
    y fueron a consultar al guardador de secretos
y leyendas:
        «NIELOL DUGUTUM TRALKAN»
    y sintieron temor.

Los hombres con piel solo en cara y manos
enviaron mensaje con saludos
        que no fue respondido
y Wekufe —lo diabólico—
        se apoderó de los indios.

La maldad del Wekufe residía
en los siglos de diferencia.

Diferencia económica
diferencia política y moral
    religiosas diferencias.
No mejores, ni peores
        solo diferentes,
como lo son entre sí, el *Martini on the Rocks*
        y la chicha de maki.
No pudo Karra Maw'n con sus leyendas
        (gran superioridad la de los siglos)

---

* De *Karra Ma'wn*, Valdivia, 1984.

De cómo la indiada le p e r d i ó el respeto a los caballeros*

Los indios creían
que el español y su caballo
    eran ambos una sola piedra irreductible.
Sin embargo, con el tiempo
    disolvieron ellos en su mente
esa hermosa costra primitiva.
    Un día dieron caza a un gran caballo
y lo pusieron en tierra
    y lo mataron a palos.
Después ahumaron la carne
    y se la comieron.
Y como no se indigestaron
    vieron ellos que era bueno.
Pero el winka, cual cola de lagarto
    continuaba aún en movimiento.

Entonces vieron los mapuches
    con los huilliches y pikunches
que el español era a ellos
    casi en todo parecido.
Que también tenían pelos
    y miedo en los bolsillos.
Y que caían al suelo
    y se podrían.

Entonces los indios construyeron
el siguiente silogismo:

---

* De *Karra Ma'wn*, Valdivia, 1984.

«TODOS LOS WINKAS SON MORTALES»
Y vieron ellos que era bueno
   darse cuenta que eran hombres
y no demonios ataviados
            con las camisetas del cielo.

Pedro Lemebel*

---

* Biblioteca Nacional de Chile. Pedro Lemebel (1955). Memoria Chilena. Disponible en http://www.memoriachilena.cl/602/w3-article-3651.html. Accedido en 29/7/2014.

PEDRO LEMEBEL es seguramente el único escritor chileno que se maquilla y usa zapatos de taco alto, al menos en público. Maquillaje y tacones son parte de la propuesta contestataria de este escritor, que de ser un niño pobre criado a orillas de un basural y un artista travestido que usaba la provocación como herramienta de denuncia política, pasó a ser uno de los autores chilenos más comentados y exitosos de las últimas décadas.

Fue forjando redes intelectuales, políticas y afectivas, principalmente con escritoras feministas y de izquierda como Pía Barros, Raquel Olea, Diamela Eltit y Nelly Richard, quienes lo acogieron y vincularon a instituciones que estaban a medio camino entre la cultura marginal de resistencia a la dictadura y la academia oficial.

La primera vez que usó sus famosos tacones fue en 1986, en una reunión de los partidos de izquierda en la Estación Mapocho, donde el escritor leyó su manifiesto «Hablo por mi diferencia», ante una audiencia perpleja. Pasó del anonimato literario a la performance artística, al formar junto al poeta Francisco Casas el dúo «Las Yeguas del Apocalipsis», que se caracterizó por irrumpir de manera sorpresiva y provocadora en lanzamientos de libros y exposiciones de arte, transformándose a poco andar en un mito de la contracultura.

En 1995 Lemebel publicó su primera colección de crónicas, *La esquina es mi corazón*. En los años siguientes publicó *Loco afán* y *De Perlas y cicatrices*, nuevas recopilaciones de crónicas en las que se fue afianzando su singular voz literaria, que mezclaba lo barroco y lo marginal en un tono de provocación y resentimiento. En el 2001 incursionó en la novela con *Tengo miedo torero*, volumen que permaneció durante más de un año entre los libros más vendidos en el país, además de ser traducido a diversos idiomas. Lemebel ha continuado desarrollando su labor de cronista publicando nuevos títulos de crónicas como *Zanjón de la Aguada* y *Adiós mariquita linda*.

Sus crónicas son poesía. La siguiente está dedicada a Carmen Gloria Quintana, quien sobrevivió tras ser quemada en dictadura (1986) por una patrulla militar.

Carmen Gloria Quintana*

Como quien pasea la tarde en la Feria del Libro, me la encuentro hojeando poesía, confrontando su cara tatuada a fuego, con las boquitas de silicona y los cutis de seda de las modelos que adornan las portadas y revistas. Carmen Gloria Quintana, la cara en llamas de la dictadura, parece hoy una magnolia estropeada en los ojos que la reconocen bajo el mapa de injertos. Los ojos impertinentes que se dan vuelta a mirar su figura de joven mamá, paseando con su niño entre la gente.

Pero son pocos los que recuerdan el rostro impreso en las fotos de los diarios. Son contados los que descubren su cara, como si encontraran un pétalo chamuscado entre las hojas de un libro. Son escasos los que pueden leer en esa faz agredida una página de la novela de Chile. Porque la historia de Carmen Gloria no tiene nada que ver con la literatura light que llena las vitrinas. Y si alguien escribiera su historia, difícilmente podría escapar al testimonio sentimental. Quizás, decir algo de ella, pasa inevitablemente por el drama de su vida, que pudo ser igual a la de muchas jóvenes que vivieron los densos humos de las protestas en las poblaciones, por allá en los ochenta. De no ser por esa noche, cuando Santiago era un eco de cacerolas y gritos. Y había que cortar esa calle con una barricada. Y estaban Rodrigo Rojas de Negri y ella con el bidón de bencina, en esa esquina del terror cuando llegó la patrulla. Cuando los tiraron al suelo, riéndose, mojándolos con el inflamable, amenazando con prenderles fuego. Y al rociarlos, todavía no creían. Y al prenderles el fósforo aún dudaban que la crueldad fascista los convirtiera en muñecos bonzo para el escarmiento opositor. Y allí el chispazo. Y ahí mismo la ropa ardiendo, la piel ardiendo, desollada como brasa. Y todo el horror del mundo crepitando en sus cuerpos

---

* Texto leído el martes 1ro. de noviembre de 2011, en la Feria Internacional del Libro de Santiago.

jóvenes, en sus hermosos cuerpos carbonizados, iluminados como antorchas en el apagón de la noche de protesta. Sus cuerpos marionetas en llamas, brincando al compás de las carcajadas. Sus cuerpos al rojo vivo, como antorchas de una izquierda quemándose. Y más allá del dolor, más allá del infierno, el desmayo, la inconsciencia. Más allá de esa danza macabra, un vacío de tumba, una zanja donde fueron abandonados creyéndolos muertos. Porque solamente muertos, los asesinos podían argumentar un accidente.

Y vino el amanecer, solo para Carmen Gloria, porque Rodrigo, el bello Rodrigo, quizás más débil, tal vez más niño, no pudo saltar la hoguera y siguió ardiendo más abajo de la tierra. Después vinieron sus funerales, y luego el juicio y los culpables. Y más pronto el perdón judicial y el olvido que dejó libres esas risas pirómanas, quizás confundidas hoy con el bullicio de la Feria del Libro. Por eso Carmen Gloria va entre la gente sin dejar entrar la piedad al sentirse observada. Algo en ella le abre paso, cabeza en alto, erguida, como si fuera una bofetada al presente. Así mismo, cara a cara con Juan Pablo II, mantuvo ese gesto, diciéndole al Papa: esto me hicieron los militares. Pero el pontífice se hizo el gringo y pasó de largo frente al sudario chileno, tirando puñados de bendiciones a diestra y siniestra. Después, Carmen Gloria estudió sicología, y tuvo un hijo. Al parecer su vida siguió un destino parecido al de muchas jóvenes de ese tiempo. A no ser por su eterno maquillaje que lo lleva con cierto orgullo. Como quien ostenta el rostro así fuera una factura del costo democrático. Y esa página de historia no tiene precio para el mercado librero, que vende un rostro de loza, sin pasado, para el consumo neoliberal. Así, mucho después que Carmen Gloria ha sido tragada por la multitud, sigo viendo su cara como quien ve una estrella que se ha extinguido, y solo el recuerdo la enciende en mi corazón homosexual que se me escapa del pecho, y lo dejo ir, como una luciérnaga enamorada tras el brillo de sus pasos.

Elikura Chihuailaf Nahuelpan*

---

* Biblioteca Nacional de Chile. «Elicura Chihuailaf», en: Poesía mapuche de fines del siglo XX. Memoria Chilena. Disponible en http://www.memoriachilena.cl/602/w3-article-96835.html. Accedido en 28/7/2014.

Kechurewe, 1952. Poeta, «oralitor», ensayista. Profesor Invitado en cursos de Literatura en la Pontificia Universidad Católica y Universidad de Chile, en Santiago. Fue Secretario General de la Agrupación de Escritores Indígenas de América. Escritor invitado por la Academia Chilena de la Lengua. Escritor en Residencia en la Universidad de la Frontera (2013-2014), que lo postuló al Premio Nacional de Literatura (2012). Ha sido invitado a oficiar de jurado en diversos concursos nacionales e internacionales de poesía.

Publicaciones: *El invierno y su imagen*, 1977 (cuadernillo mimeografiado); *En el País de la Memoria*, 1988; *Marta Lefimil* (testimonio), 1990; *El invierno, su imagen, y otros poemas Azules*, 1991; *Au Nord*, Traducción al castellano y mapuzugun de la poesía de Gabriele Milli, 1993; *De Sueños Azules y contrasueños*, Santiago, 1995 (Blauwe Dromen en tegendromen, Bruselas, Bélgica, 2002; Madrid, España, 2002; La Habana, Cuba, 2009); *Muestra de Oralitura Indígena de América*, 1997; *Recado confidencial a los chilenos* (ensayo), 1999; *Kallfv / Azul* (con ilustraciones de Gabriela Cánovas), 2006; *Sueños de Luna Azul*, 2008; *Sueño Azul*, libro-álbum para niños (ilustraciones de Alberto Montt), Chile, 2009 y Argentina, 2014; *El Azul de los Sueños*, 2010 (antología); *Relato de mi Sueño Azul* (ilustraciones de Tite Calvo), 2011; *Ruegos y nubes en el Azul*, Talca, 2013.

Algunos premios: Premio Mejor Obra Literaria (poesía), Consejo Nacional del Libro y la Lectura, Santiago, 1994; Premio Municipal de Literatura (poesía), Municipalidad de Santiago, 1997; Mención Premio Municipal de Literatura (ensayo), Municipalidad de Santiago, 2000; Premio Mejor Obra Literaria (ensayo), Consejo Nacional del Libro y la Lectura, 2000. Premio DIBAM «Fidel Sepúlveda Llanos», 2009.

Kañpvle miyawmen: Ñamlu
iñche, gvmayawvn
Kiñe am chumgechi rume
pelontuam ta eymi
Fvtra kura ka lil inaenew
welu ta wiñon ka ayvwvngey
tami rayen
Ñuke, chew amuay ta ñi
pu we Pewma?*

Lejos anduve: Perdido, llorando
Un alma en todo caso
alumbrado de ti
Riscos y barrancos
me persiguieron
pero he vuelto y me alegran
tus flores
Madre ¿adónde irán mis
nuevos Sueños?

---

* Esta selección de poemas fue tomada con autorización del autor Elikura Chihuailaf del libro De sueños azules y contrasueños (Editorial Universitaria, Editorial Cuarto Propio, 1ª Ed. 1995, 2da. Ed. 2000, Santiago de Chile, disponible en: http://www.colombiaaprende.edu.co/html/mediateca/1607/articles-65456_archivo.pdf. Se reproduce primero la versión en mapuzungun y luego la traducción al castellano.

Kallfv peuma mew

Ñi Kallfv ruka mu choyvn ka ñi
 tremvn wigkul mew mvley
wallpaley walle mu, kiñe sause
kamapu aliwen
kiñe pukem chi choz aliwen rvmel
tripantv mu kiñe antv allwe kochv
 ulmo reke
ka tuwaymanefi chillko ta
 pu pinza
rvf chi kam am trokiwiyiñ, kiñe
 rupa kvnu mekey!
Pukem wamfiñ ñi tranvn ti pu
koyam ti llvfkeñ mew
 wvzam tripalu
Zum zum nar chi antv mu
tripakiyiñ, pu mawvn mu
ka millakelv nar chi tromv mu
yeme ketuyiñ ufisha
 —kiñeke mu gvmañpekefiñ

Sueño azul

La casa Azul en que nací está
 situada en una colina
rodeada de hualles, un sauce
nogales, castaños
un aromo primaveral en invierno
 —un sol con dulzor a miel de ulmos—
chilcos rodeados a su vez de picaflores

que no sabíamos si eran realidad
   o visión: ¡tan efímeros!
En invierno sentimos caer los robles
   partidos por los rayos
En los atardeceres salimos, bajo la lluvia
   o los arreboles
a buscar las ovejas
   —a veces tuvimos que llorar
la muerte de algunas de ellas

ka kura ñi nvtramkaken ta kulliñ
   lan mu egvn
weyel kvlerpun mu pu ko egvn—
Pun fey allkvtukeyiñ vl, epew
   ka fill ramtun
inal kvtral mew
neyentu nefiyiñ ti nvmvn kvtral
kofke ñi kuku
ka ñi ñuke ka ñi palu Maria
welu ñi chaw egu tañi laku egu
   —Logko lechi lof mew—
welukvme az zuwam pukintu keygu
Pichikonagen chi zugu nvtram
kaken welu ayekan chi pu
   kom zugu no
Welu fey mu kvme kimlu ti vlkantu
   trokiwvn
Fillantv pvram niel chi mogen
   welu pichike inakan zugu no
wilvf tripachi kvtral, pu ge mu

pu kvwv mu
Luku mu metanieenew ñi kuku
allkvken wvne ti kuyfike

navegando sobre las aguas—

Por las noches oímos los cantos
cuentos y adivinanzas
a orillas del fogón
respirando el aroma del pan
  horneado por mi abuela
  mi madre o la tía María
mientras mi padre y mi abuelo
—Lonko de la comunidad—
observaban con atención y respeto
Hablo de la memoria de mi niñez
y no de una sociedad idílica
Allí, me parece, aprendí lo que
  era la poesía
Las grandezas de la vida
  cotidiana
pero sobre todo sus detalles
el destello del fuego, de los
  ojos, de las manos

Sentado en las rodillas de mi
abuela oí las primeras

zugu tati aliwen egu
ka kura ñi nvtramkaken ta
kulliñ ka ta che egu
Fey kamvten, pikeenew, kimafimi
ñi chum kvnvwken egvn
ka allkvam ti wirarchi zugu allwe
ellkawvn mu kvrvf mew
Ñi ñuke reke wvla, kisu
ñvkvfkvlekey che mu rume
pekan llazkvkelay
Fey pekefiñ ñi wall trekayuwken
tuwaykvmekey ñi kuliw
poftun mu ti lvg kalifisa
Feyti fvw fey kvme pun ga
witralkvley kvme ñimiñ
zewkvlerpuy
Ñi pu peñi ka ñi pu lamgen —zoy
kiñe rupan mew— upa kimfuiñ
 feyti ñiminkvzaw
weluweza tripan
Welu lonkotukufiñ ñi kimvn feyti
 ñiminkvzaw
fey zuguley ñi chumgechi ñi ta
 pu mapuche

historias de árboles
y piedras que dialogan entre sí
con los animales y con la gente
Nada más, me decía, hay que
 aprender a interpretar
 sus signos

y a percibir sus sonidos
que suelen esconderse
　en el viento
Tal como mi madre ahora, ella
　era silenciosa y tenía una
　paciencia a toda prueba
Solía verla caminar de un lugar
　a otro
haciendo girar el huso
retorciendo la blancura
　de la lana
Hilos que, en el telar de las
　noches, se iban convirtiendo
　en hermosos tejidos
Como mis hermanos y hermanas
　—más de una vez— intenté aprender
ese arte, sin éxito

ti afkintu newen, ti zeqvñ mew
　ti rayen ka vñvm egvn
Ka tañi laku iñchiw ñoñmen
tuwkiyu kalechi pun mew
Pvtrvkeñma ñvkvf narvn
　fvtra nvtram
ñi chumgechi ñi wefvn taiñ
　pu Kuyfikeche feyti
Wvne mapuche Pvllv vtrvf
　narpalu Kallfv mew
Feyti pu wenu am pvltrv lefulu
ti afchi wenu kvrvf mew
　wagvlen reke

Kimel eyiñ mu ta wenu rvpv, ñi
   pu lewfv ka ñi pewma
Kiñe pewv pekefiñ ñi pilun yenen
rayen ka ñi wente ekull mew
   mulugechi pu liwen triltra
      namuntu yawvn
Ka tukulpakefiñ kawelltu yawvn
mu ragi mawvn mew, ka fvtrake
mawizantu ragiñ kom kvleche
   pukem

Pero guardé en mi memoria el
contenido de los dibujos
que hablaban de la creación
y resurgimiento del mundo mapuche
de fuerzas protectoras, de
   volcanes, de flores y aves
También con mi abuelo
compartimos muchas noches
   a la intemperie
Largos silencios, largos relatos
   que nos hablaban del origen
   de la gente nuestra
del Primer Espíritu mapuche
arrojado desde el Azul
De las almas que colgaban
   en el infinito
   como estrellas
Nos enseñaba los caminos del
   cielo, sus ríos, sus señales
Cada primavera lo veía portando

flores en sus orejas
y en la solapa de su vestón
o caminando descalzo sobre

Allwe trogli ka newen che gekefuy
Nampiawvn ragiñtu ko new
    mawizantu
ka tromv egu
pekefiñ rupan ta kakerumen
    antv tripantv:
Wvtre alof Kvyen (pukem)
karv pewv Kvyen (pewvn)
wvne fvnkun anvmka Kvyen
(afchi pewv mu ka epe konpachi
    walvg mu)
fillem fvnkun anvmka Kvyen
    mew (walug)
ka welu trvfkenvwchi choyvn
    Kvyen (rimv)
Tripan ta ñi chaw ka ñi ñuke
inchiñ kintuam lawen ka
    pvke lawen
Koleu pvtra mu kon pelu, waka
lawen weñagkvn mu kon pelu
palgin kay fukuñ kon pelu ka
allfen mu kon pelu
zenkull kuyagki kon pelu —fey

    el rocío de la mañana
También lo recuerdo cabalgando

bajo la lluvia torrencial
de un invierno entre bosques
    enormes
Era un hombre delgado y firme
Vagando entre riachuelos
bosques y nubes, veo pasar
    las estaciones:
Brotes de Luna fría (invierno)
Lunadel verdor (primavera)
Luna de los primeros frutos
    (fin   de la primavera
    y comienzo del verano)
Luna de los frutos abundantes
    (verano)
y Luna de los brotes cenicientos
    (otoño)
Salgo con mi madre y mi padre
    a buscar remedios y hongos
La menta para el estómago
el toronjil para la pena

    pilerpuy ñi ñuke
Purukeygvn, purukeygvn, tati pu
lawen ta mawizantu mu
    —ka pirpuy kisu ñi chaw
femlerpuy witrañ pvramnlu reke
ti lawen iñche ñi kvwv mew
Femgechi mu kimfiñ ñi vy ti
fillem lawen ka fillem anvmka
Feyti pichike piru mvley ñi
    femal egvn

Chem rume zoykvlelay tvfachi
  mapu mew
Fey tvfachi afmapun epun
  trokiñkvley
kvmekelu ta mvley wezakeñma egu
  ta mvleam
Che ta rumel mogen Mapu gelay
Mapuche fey piley Mapu mu
tripachi che piley —pinerpuenew
Rimv mu ta wilvfi ta witrunko
Feyti ko ñi pvllv negvm mekey

el matico para el hígado y para
  las heridas
el coralillo para los riñones
—iba diciendo ella
Bailan, bailan, los remedios
  de la montaña —agregaba él
haciendo que levantara las
  hierbas entre mis manos
Aprendo entonces los nombres de
las flores y de las plantas
Los insectos cumplen su función
Nada está de más en este mundo
El universo es una dualidad
lo bueno no existe sin lo malo
La Tierra no pertenece a la gente
Mapuche significa Gente de la
Tierra —me iban diciendo
En el otoño los esteros
  comenzaban a brillar

El espíritu del agua moviéndose
sobre el lecho pedregoso
el agua emergiendo desde los ojos
   de la Tierra

wente kachu kuragechi ko mew
feyti ko ge Mapu mu weftripa
   mekey
Fill tripantv lef pvraken ti
mawizantu mu pemeam ti azel
ka Mapu lechi chemkvn ñi
   trawvn mew
Fey ka akuketuy ti pukem mogeltu
Mapu petulu
ñi wiñotuam ta weke Pewma
   ka tukatuam
Kiñeke mu tati weraw kimel
vrpakeyiñ mu ta kutran ka lan
Weñagkvken ta ñi rakizwamvn mu ñi
ayin Fvchakeche mu
amualemay rvpvtupeaymay inal
   Lewfv Kvlleñu mu
gvtrvm am tati wampofe la
   yerpapelu
tañi pewputuam ñi Kuyfikeche egu
ñi ayiw am ti Kallfv Wenu
   Mapu mew
Kiñe pu liwen amurumey ñi pichi
   peñi Karlu

Cada año corría yo a la montaña
para asistir a la maravillosa
   ceremonia de la naturaleza
Luego llegaba el invierno
   a purificar la Tierra
para el inicio de los nuevos
   Sueños y sembrados
A veces los guairaos pasaban
anunciándonos la enfermedad
   o la muerte
Sufría yo pensando que alguno
   de los Mayores que amaba
tendría que encaminarse hacia las
   orillas del Río de las Lágrimas
a llamar al balsero de la muerte
para ir a encontrarse con los
   Antepasados
y alegrarse en el País Azul
Una madrugada partió mi hermano
   Carlitos
Lloviznaba, era un día ceniciento
Salí a perderme en los bosques
   de la imaginación

Fvrfvrkvley, kagechi trufken
   antvgey
Tripan ñi ñampuam rakizwam mew ragiñ
mawizantu mu (petufemyawen
   fey mu)
Witrunko zugun rofvl mekeyiñ mu
   tati rimv antv mu

Fachantv fey pifiñ tañi pu
lamgen Rayen egu ta Amerika:
feyti vlkantun zugu re kvmv neyv
am genozugu trokiwvn mvten
ñi feypieyiñ mu taiñ Jorge
   Teillier
Kawelu Wenuñamku reke wall ke
   mapu mu rulpan ñi
   weñagkvn rakizwam
Gonza kay Gabi, Kawi, Malen
   ka Beti fey pinerpufiñ egvn:
Fewla mvlen pelon Kvyen feyti
lelfvn mew, Italia mu
Gafriele Milli iñchiw mvleyu
Fewla mvlen Francia mu
ñi peñi Arawko iñchiw
Fewla mvlen Suecia mu

(en eso ando aún)
El sonido de los esteros
nos abraza en el otoño
Hoy, les digo a mis hermanas
   Rayén y América:
creo que la poesía es solo
un respirar en paz
—como nos lo recuerda nuestro
   Jorge Teillier—
mientras como Avestruz del Cielo
por todas las tierras hago vagar
   mi pensamiento triste
Y a Gonza, Gabi, Caui, Malen

y Beti, les voy diciendo:
Ahora estoy en el Valle de
  la Luna, en Italia
junto al poeta Gabriele Milli
Ahora estoy en Francia
junto a mi hermano Arauco
Ahora estoy en Suecia
junto a Juanito Cameron
y a Lasse Söderberg
Ahora estoy en Alemania
junto a mi querido Santos Chávez

Juanito Kameron inchiw ka Lasse
  Söderberg
Fewla mvlen Alemania mew
ñi kvme ayin wenvi Santo Chaves
  ka Doris egu
Fewla mvlen Olanda mew, Marga
Gonzalo Millan ka Jimena, Jan
ka Aafke, Kata ka Juan inchiñ
Mawvni, ta fvrfvrmawvn, chozvmi
ta kvrvf Amsterzam waria mu
Wilvfi ti witrunko waria mew
kuyfike fieru pelon mew ka
feyti lefazisu kuikui mew
Kallfv tuliparay pelu trokiwvn ka
  kiñe wigka kuzi feyti
mvpvtripakelu ka tvgnagkelu
Kvpa mvpvfuyiñ: Felepe!
chemnorume nepel layanew —piwvn
Fey yelvwvn ti tromv mew kake kim noelchi
mapu ñi piwke mew.

y a Doris
Ahora estoy en Holanda
junto a Marga, a Gonzalo Millán
y a Jimena, Jan y Aafke
Juan y Kata
Llueve, llovizna, amarillea
   el viento en Amsterdam
Brillan los canales
en las antiguas lámparas
   de hierro
y en los puentes levadizos
Creo ver un tulipán azul
un molino cuyas aspas giran
   y despegan
Tenemos deseos de volar:
¡Vamos!, que nada turbe
   mis sueños —me digo
Y me dejo llevar por las nubes
hacia lugares desconocidos
   por mi corazón.

Rogativa y afafán*

*A nuestras niñas y niños reprimidos
por el Estado. Ahora en los lof/
comunidades de Temucuicui
y Yeupeko Vilkun. ¿Y mañana?*

Hija / Hijo: ¿Y si le decimos a la niebla
que desde su cumbre de ensueños
esconda los caminos de nuestros campos

---

* «La Tierra Sueña en Azul» (inédito), 2014.

y nuestros atacantes tomen entonces
los atajos de la nada?...
¿Y que la nada sea una cometa, el cráter
de un volcán, una galaxia inexistente?
¡Ya ya ya ya, uuuu!, digámosle a la
niebla para despertarla
¡Ya ya ya ya, uuuu!, digámosle
para que se apresure.

No me llegan noticias*

No me llegan noticias de mi hermano
   en el exilio
Y a mis pensamientos cubren pétalos
   del recuerdo
porque mi hermano es aún el árbol
   de la niñez
que sube por el apagado cerro
   de la tarde
Oigo a mis hermanas que muelen maíz
Oigo el murmullo de las piedras
   en el agua
¿Cuánto tiempo pasará?, me digo
Grande es el abismo de mi tristeza
Pero mis lágrimas se calman
cuando me veo entre la multitud
(Y no es invierno, no es invierno
gobernantes y caminos de barro).

---

* *El invierno, su imagen*, 1977.

El secreto del sol*

A Sandra Trafilaf
Presa política

La Luna se esconde en tus ojos
que miro, tus ojos sangrantes
Tu alma huye de la cárcel
y de la mano te llevo me llevas
   hasta el alba
Hay una mujer en la puerta de
   la casa, junto al lago
Me iré a desentrañar el misterio
   del Sol tras la montaña, madre
Le dices

Llellipun wenu mapu ñi
Kurantumalal mew
(Machivl ñi vlkantun)

Tvfa tayiñ kemvl gillatupeyem,
pikey ta pu Machi
May, eymvn ta kimnieymvn:
Pu Logko, Fvchakeche ka pu
Wechekeche Wenu Mapu mvlelu
Mvleymvn wvnmalechi zeqvñ mew
ka kuyfike Machi allkvtulelu
   tayiñ llellipun
Tvfa tañi mvlen kutrankvlechi
   wentru: neyeley

---

* *El invierno, su imagen y otros poemas Azules*, 1991.

Kisu tranakvnukifilmvn
kvpalelfiyiñ ta fewla
   tayiñ lawen
   ka, taiñ metawe mew, kvpalelfiyiñ
   liwen lvgko
Kvpage!, tayiñ pvllv mew
nieyiñ ta mogen wayzvf pvle

Ruego en las paredes rocosas del cielo
(Poema a la manera del canto de las Machi)

Estas son las palabras rituales
   dicen las Machi
Sí, ustedes ya las conocen:
Jefes, Ancianos y Jóvenes
   de la Tierra de Arriba
Ustedes, habitantes del volcán
   amaneciendo
y Machi antiguos que oyen
   nuestros ruegos
Aquí está el hombre enfermo:
   respira
No lo dejen solo ahora
   que le hemos traído
   hierbas medicinales
y, en nuestros cántaros, el agua
   cristalina del alba
¡Ven! Tenemos en nuestras almas

   witrukechi lewfv ñi ko
Pvtokoge. Welu ay Genechen

eymimvten ta fvskvmafimi
Fey mu ka eymi ta zuguwkeyiñ
   weza kvrvf
   Chem weza fvtra vgpun
   ka zumiñkvleymi
   epe konchi antv mew
   ta miyawkeymi?
Eymi ta zuguwkeyiñ vypvratuchi
   kvtral
koylatukelu ka ellka narvmpelu
   kizu ñi age
Ya!, amutuge ka wetrofige tati
   rvgi wvlelvñ ma mu pefiel
   taiñ fotvm:
Ponon mew, ñi amupeyem ñi mollfvñ
   feychi piwke
Wekvfv ñi lloftuniel zewma
gvrv reke, chem weza weraw
mvpvlechi logko reke,
   rayvlechi qvla
reke kimelpelu ñi mvleal
wezakezugu

la vida de los ríos que suben
   para el Oriente
Bebe. Pero ay Genechen
solo tú harás que ella refresque
Por eso también a ti te hablamos
   viento maligno
¿Qué bostezo tan profundamente
   ladino y oscuro eres
que vagas en el crepúsculo

del día?
A ti te hablamos fuego resucitado
que mientes y escondes
  tu verdadero rostro
¡Ya!, ándate y quiebra la vara
con que golpeas a nuestro hijo:
En los pulmones, en la sangre
  el corazón
Fuerza maligna que acechas
  en visión engañosa
como un zorro más, como cualquier
guairao, como cabezas volando
como quilas floridas que
  nos anuncian las penas
En la fragancia de nuestros

Ñi kvme nvmvn lawen mew amutuge
feypikey ta pu Machi, eymi weza
pewma reke mvlekeymi zewma
konvn antv mew
nelvmge!, kiñepvle kvnuwge mi pun
leliwvlfige Kallfvley liwen
  ñi ayliñ
Eymi kay,witrage fotvm
Llellipun pipigey Wenu Mapu
  ñi kurantumalal mew
ka nepeyey pu kona ka kvpaygvn
ka zew kvpaygvn
Oo! wilvfi pichike chalwa reke
kvpalu Wenu Mapu
zewma kvpayey ta liwkvn fvtrake
  mañke antv.

remedios ándate, dicen las machi
tú que como un mal sueño estás
   en el anochecer
¡suelta!, quita tu oscuridad
mira que Azul es la luz
   de la mañana
Y tú, levántate hijo
Se repiten los ruegos
en las paredes rocosas del cielo
y los guerreros despiertan
y vienen, ya vienen
¡Oo!, como pececillos brillando
desde la Tierra de Arriba
ya vienen, los transparentes
   y altos cóndores
      del sol.

Guillermo Riedemann

GUILLERMO RIEDEMANN (Reumén, 1956). Poeta y Psicólogo. Con el seudónimo Esteban Navarro publicó *Poemas desde Chile* (1981), *Para Matar este Tiempo* (1983), *Mal de Ojo* (1991), *La Manzana de Oro* (1993), *Salto al Vacío* (1998). Coautor junto a Diego Muñoz Valenzuela de la antología *Poetas de Nicaragua* (1979). Con la periodista Cecilia Atria, de la antología *Diez años de poesía* (1984). Algunos de sus poemas han sido incluidos en antologías y traducidos al inglés. En 2001 recibió la Beca de Creación del Consejo Nacional del Libro y la Lectura. Trabaja como guionista y libretista. Está casado con Ximena Carrillo; es padre de Diego y Amanda. Reside en Santiago.

Qué te han hecho Ignacio Valenzuela

Está tan azul el cielo Ignacio
Extrañamente azul en pleno junio
Hace frío sí y tos y desamparo.
Qué haces allí tirado con la sonrisa
Hecha pedazos qué te hicieron
Desnudo de espalda en el pavimento
La cara rota a tiros y las piernas
Y el pecho y los pies incluso.
Qué hacen esos hombres inclinados
Sobre tu cuerpo miran tu sangre
Tu ternura que ha quedado allí
Fuera de tu piel y comparan
Tu rostro con una fotografía.
Miden la distancia que te separa
De la calzada ahora que el futuro
Se ha vuelto tan distante.
Alejan a los curiosos parecen serios
Pero están tranquilos ellos
Inclinados sobre tu cuerpo.
Está tan azul el cielo tan azul
Que decides ponerte de pie
Y así desnudo partes caminando
Lento con calma sin mirar atrás.
Pasas junto a la casa de tu madre
La besas en la frente ella te dice
Abrígate hijo cuídate este invierno
Tú pareces no escucharla sonríes y te vas.
En el camino recoges tu citroneta
Recoges a tu hijo recoges a tu compañera
Desnudo como vas nadie te mira
Sin embargo y cruzas calles y semáforos

Bajo este cielo tan azul en pleno junio.
Tan azul el día bajo este cielo azul
Que incluso morir sería hermoso
Doloroso injusto tristemente hermoso
Como mueren los hombres y nada más Ignacio.

(1987)

El perdón del rey

Perdono a los que tumbaron en la parrilla a Muriel Dockendorf
Y la escucharon gritar y a los que sabían y nada hicieron
Perdono a los que arrojaron al mar a Marta Ugarte
Mientras se jactaban de que en Chile no había desaparecidos
Perdono a los que hicieron arder como antorchas
A Rodrigo Rojas y a Carmen Gloria Quintana
—el verdadero rostro de este país—
Perdono a los que abrieron con un corvo el cuello
De José Manuel Parada, Manuel Guerrero y Santiago Nattino
Perdono al que dio la orden y al que apretó el gatillo
Para perforar los cuerpos de Víctor Jara y de Carlos Lorca
Perdono a los que ocultaron cadáveres en un horno de Lonquén
Me cago en abogados, juicios y sentencias
Por algo soy el nuevo monarca sucesor de la Princesa
Que nos enseñó a tañer la campana de Wall Street
Perdono a los que se hicieron dueños de empresas
Y bancos y acumularon la riqueza que no les pertenece
A los que robaron lo que era de todos y a los que robaron
Lo que no es de ninguno
Perdono a los que, como nosotros, han regresado
Al lugar del crimen y no sienten motivo de rubor
Perdono a los que lanzaron a los lagos del sur

Esos lagos que amo y donde descanso y firmo contratos
A campesinos mapuche sin que nadie se enterara
Perdono al que fabricó las bombas y al que las puso
Y al que las hizo estallar y al que dio la orden
De asesinar a Orlando Letelier y a Carlos Prats
Perdono al encargado de Villa Grimaldi
Y al encargado del encargado de Londres 38
Perdono al que violó a prisioneras aterradas
Al que introdujo ratones en sus vaginas
Y al que arrancó las uñas de las manos
De los que a pesar de todo no entregaron a sus compañeros
Perdono a los que inhumaron de noche
Los restos de los asesinados y luego los exhumaron
Para hacerlos desaparecer mientras otros —como yo—
Mirábamos el saldo de nuestras cuentas corrientes
Perdono a los que mataron por la espalda a Ignacio Valenzuela
En la Operación Albania y encerraron a siete prisioneros
En una casa abandonada para cocerlos a sangre fría
Perdono a los pilotos que bombardearon la Moneda
Perdono al torturador, al interrogador, al carcelero
Al artillero, al instructor, al secretario, al chofer
Al falsificador, al enterrador, al asesino
A todos los perdono, en esto soy especialmente generoso
Los perdono porque soy el nuevo monarca
Y a través de sus representantes me lo ha solicitado Dios
Perdono a los que hicieron por mí el trabajo sucio.

(2010)

Si no han visto

Si no han visto exhumar un cadáver
No han visto nada si no han visto romper
El tapón de cemento que cubre el nicho
Y arrastrar hacia afuera el ataúd no
Han visto nada y deberían
Tiran de la urna la madera se ve
En buen estado de conservación un poco
Húmeda manchada pero compacta entera
Dejan la urna en el suelo que es una calle
De cemento y tierra entre dos largos muros
De nichos y ataúdes y cuerpos en descomposición
Si no han visto abrir esa urna si no han visto
Algo que parece vapor saliendo desde la urna
Como si el cuerpo allí dentro aun respirara
Y luego los hombres se inclinan de nuevo
Sobre el cuerpo o los restos del cuerpo
Igual como se inclinaron otros hace veinte
Años pero aquellos eran los asesinos estos
Son los protectores del vapor de lo que queda
Se inclinan y sacan un trapo de colores
Que no es un simple trapo sino una bandera
Del frente patriótico manuel rodríguez
En perfecto estado esos colores no destiñen
Para luego tomar la tela que cubre el fondo
De la urna desde los extremos y recogerla
Hacia el centro suavemente para no herir
De nuevo al malherido
Y levantan de ese modo los restos mientras
Sigue saliendo vapor y los depositan
En un ataúd nuevo que será

Su madera definitiva si no han visto esto
Si no han visto exhumar el cadáver los restos
Del cuerpo de quien sonríe para siempre
En las fotografías que quiso
No han visto nada de la vida ni de la muerte
Luego doblan aquel trapo que no es
Un trapo sino la vieja bandera
Del frente patriótico y la dejan sobre
Los restos del cuerpo para abrigarlo
Entonces la urna nueva es sellada y sobre
Los hombros de algunos amigos la trasladan
Y hay milicianos que saludan y pañoletas rojas
Y palabras estas últimas innecesarias si se tienen
Los ojos abiertos y una tumba nueva con un grabado
Sobre la lápida la imagen de un caballo
Al galope y el nombre completo de ignacio.

(2007)

Jorge Montealegre

JORGE MONTEALEGRE ITURRA lee y escribe. Nace en Santiago de Chile, 1954. Es periodista y Licenciado en Comunicación Social (USACH). Doctor en Estudios Americanos, mención Pensamiento y Cultura (USACH). Sus ámbitos de investigación son los estudios culturales, especialmente referidos al imaginario, la memoria y el humor gráfico. Actualmente es Director del Departamento de Extensión de la Universidad de Santiago de Chile. Autor de *Von Pilsener, primer personaje de la historieta chilena*, 1993; *Prehistorieta de Chile, del arte rupestre al primer periódico de caricaturas*, 2003; *Frazadas del Estadio Nacional*, 2003, *Historia del Humor Gráfico en Chile* (España, 2008), *Apariciones y desapariciones de Luis Jiménez* (2011), *Violeta Parra-Instantes fecundos, visiones, retazos de memoria.* (2011); *Nato, la sonrisa imborrable* (2012) y *Coré, el tesoro que creíamos perdido* (2013), *Memorias eclipsadas. Duelo y resiliencia comunitaria en la prisión política* (2013), entre otras obras de investigación y testimonio.

Como poeta ha publicado: *Huiros*, 1979; *Lógica en Zoo*, 1981; *Astillas*, 1982; *Exilios* (con B. Serrano), 1983; *Título de dominio*, 1986; *Bien común*, 1995; *Huesos*, 2006; *No se puede evitar la caída del cabello*, 2007; *Ecran*, 2009 (digital).

Algunas distinciones: Diploma de Honor, otorgado por los compañeros de prisión política (Chacabuco, 1974); premio Palabras para el Hombre, (ACU, 1981, compartido con Sergio José González); Premio Municipal de Literatura (Santiago, 1996), Premio del Consejo Nacional del Libro y la Lectura a Mejores Obras Literarias, editadas (1996); Premio Altazor (ensayo, 2004), Premio Altazor (poesía, 2008); nominación Premio Altazor (ensayo, 2009); Premio del Consejo Nacional del Libro y la Lectura a Mejores Obras Literarias, inéditas (2011). En 1989 obtuvo la beca Guggenheim. Ha editado revistas culturales e impartido docencia. Diplomado en gerencia pública, ha asumido responsabilidades en el ámbito de la gestión cultural, entre ellas la Secretaría Ejecutiva del Consejo Nacional del Libro y la Lectura de Chile.

Agenda*

Septiembre liceo

Septiembre mi casa

Septiembre Serrat Principito ahijada

Septiembre liceo
Septiembre lluvia corte de pelo Margot
Septiembre mi casa
Septiembre jeep manos en la nuca bala en boca
Septiembre Escuela Militar
Septiembre camioneta
Septiembre Estadio nacional
Octubre estadio nacional
Octubre parlan disco negro Velódromo
Octubre Primera Comunión
Octubre Estadio Nacional
Noviembre Estadio Nacional
Noviembre burla buses bultos Santiago de Chile
Noviembre carretera
Noviembre Valparaíso
Noviembre Andalién cubierta bodega Océano Pacífico
Noviembre Antofagasta
Noviembre tanquetas trencito camiones desierto de Atacama
Noviembre Chacabuco
Diciembre Chacabuco
Diciembre cartas plantones torres toque de diana
Diciembre primer poema

---

* Poema publicado en 1983. Leído por su autor se encuentra en el volumen 4 de la Colección Rayentrú CD «Poetas Chile Siglo XXI».

Diciembre Chacabuco
Enero Chacabuco
Enero choquero visita sucucho allanamientos
Enero Chacabuco
Febrero Chacabuco
Febrero misa coro reflectores lista
Febrero despedida
Febrero Chacabuco
Febrero desierto de Atacama cerro Moreno avión Fach
Febrero Cerrillos
Febrero culata bus Estadio Chile
Febrero de frente y de perfil
Febrero Estadio Chile
Febrero casa vacía
Febrero casa de mi prima
Febrero casa de una tía
Febrero
Marzo
Abril
Mayo casa de Gustavo casa de Sergio casa de Ignacio
Mayo casa de otros casa de Gustavo
Mayo cumpleaños
Mayo Pudahuel
Mayo Pasaporte
mayo turbinas

Mayo cordillera

Mayo Aconcagua

Mayo vértigo

Mayo lejos

Mayo lejano de 1974

Alta poesía*

Todos los vecinos de mi barrio duermen siesta,
pero hay chicos que golpean puertas fastidiando:
piden pan y no dejan
escribir los mejores poemas sobre el hambre.

Enviado especial**

Fuentes bien informadas habrían dicho que
algunos personeros no identificados de organizaciones
                                                          [inexistentes
estarían reunidos en un lugar desconocido
                       presumiblemente cerca de Santiago
para concertar una eventual acción de protesta
contra la supuesta violación de los derechos humanos

Además insistirían en la aparición con vida
          de gente que habría desaparecido de manera involuntaria
cuya muerte presunta ya ha sido claramente sugerida al Comité
                   sin personalidad jurídica
que agrupa a las personas allegadas a esta hipotética situación

---

*   Tomado de *Exilios*, Santiago de Chile, Ediciones Tragaluz, 1983.
** Tomado de *Exilios*, Santiago de Chile, Ediciones Tragaluz, 1983.

En esta reunión no autorizada
Por tanto solo un encuentro social de elementos antisociales
ha trascendido que
junto a los dirigentes de los partidos disueltos
estarían participando también algunos sujetos desconocidos
probablemente jóvenes
que desde el anonimato propalan rumores y chistes
atentatorios contra la seguridad
de la parte más conocida de la Nación

José Ángel Cuevas*

---
* Cfr. http://es.wikipedia.org/wiki/Jos%C3%A9_%C3%81ngel_Cuevas.

José Ángel Cuevas Estivil, más conocido como Pepe Cuevas (Santiago, octubre de 1944) es un poeta chileno de la llamada generación de 1970, exilio interior. Ingresó a la Escuela de Derecho de la Universidad de Chile, pero allí «se sintió incómodo» por «el ambiente burgués y pituco», así es que se cambió al Instituto Pedagógico en pleno período de los grandes cambios sociales que vivió Chile en la década de los setenta.

En el Pedagógico, formó parte del grupo literario América, y sus primeros éxitos creativos los obtuvo en sus tiempos universitarios, a principios de los años 1970, cuando ganó dos premios de la Federación de Estudiantes; su primer libro lo publicó al final de la década, en 1979.

Graduado de profesor de Filosofía, ejerció la docencia durante unos escasos años, porque fue exonerado durante la dictadura de Pinochet, cuando enseñaba en el Liceo Av. La Feria. En 2004 señalaba que vivía de la pensión que recibía por su calidad de exonerado político.

Sin embargo, no emigró; perteneció al llamado exilio interno. Sobre aquellos años, recordaría más tarde: «Entre balazos, sirenas, allanamientos masivos y camiones cargados de muertos caminé, caminé febrilmente por Santiago vencido (ésa ha sido de algún modo mi vida, recorrer calles y más calles, barrios, poblados). A tres días de ocupación Militar-neofascista-empresarial vi en una muralla de la calle Exposición con grandes letras de brocha gorda "Abajo la Junta Asesina". De un día para otro se terminó la producción de libros, diarios, revistas, programas de televisión, grupos literarios, talleres poblacionales, teatro, danza. Mataron a Víctor Jara, Neruda murió de dolor, Ángel Parra y otros».

Confesiones de bar

Al fin no hice nada de mi vida
estaba preparando cosas
arreglando la tierra.
Justo empezaba a atar mis propios cabos sueltos
cuando vino el Golpe
una mano dura
tapándome la luna
y el sol.

Todo se detuvo
me deprimí.

Empecé a esperar
a vivir en estado provisorio.
Pero este estado provisorio
se ha alargado tanto y tanto ya.
Que casi pasó la Vida.

Se hizo demasiado tarde.
Ya no hay caso.
Para otra vez será.

Destruir en nuestro corazón la lógica del sistema

I

A los 2 millones de tarjetitas de crédito que circulan por la
[ciudad
No hay que darles ningún crédito en nuestro corazón
ni los Templos de Ventas que vengan / rebajas / cupones/
novedades/ super/ nada de nada
ni dentro de nuestras mentes/ acaso / nada/ nada

¿Se podrá detener a esos ejércitos de drogadictos y desencantados
Con cajas de zapatillas Old Night y sombrerito Space/ gafas
[oscuras
y faldas de seda Von Strasse en los Grandes Mercados
[Iluminados?

Hey, ¿qué significa todo eso en términos reales?
Una satisfacción metafísica del objeto/ ser otro frente al espejo/
la espumaraja de tener y obtener/ Okey

subir en la escala/ la lógica del sistema/ sentirse bien Uno/

Pero, ¿no podríamos entrar de lleno en el juego de la histeria
la psicosis del Yo/ ese juego de la Mierda?

HACERLE BROMAS PESADAS AL SISTEMA
bromas sangrientas, p. ej.

¿Y si todos nos declaramos en estado de No Pago?
¿dejamos de comprar objetos en un mes corrido?
¿Aplicamos una retirada en masa de las AFP (que hacen capital
con nuestros fondos rascados día a día)?
¿y qué de las malditas Isa/ press / sus cheques en blanco
esos mugrientos negociados con la vida del prójimo?

2

Solo el televisor emite sus gruñidos
ese pozo de irrealidad

Imaginad
perfumes/ pastas/ cerveza de todas las marcas
tic-tac, tic-tac y ¡paga la primera cuota el próximo mes!
Montañas de objetos humeando/ ¡Y entrega un pie al contado!

Bien/ cabeza hueca, ¡para la onda! neonazi cabeza pelada/
¡para! Arcord de pacotilla/ bacán/ bacán de mierda/
pides monedas/ estás pidiendo monedas en todas las calles

DESTRUYAMOS EN NUESTRO CORAZÓN LA LÓGICA DEL
[SISTEMA

¡No a los spots, con los que se enmierda la cabeza de la mayoría
[silenciosa!
No más/ No más.

Una estúpida mujer comiendo drive/ esos culos bañados
en coca-cola/ extras de TV pasadas a sobaco/ modelos/
[productoras/ venta

de niños para la reinversión del sistema/ guaguas para ser
[usadas/ ancianos
como imagen de yogur. ¡Basta!

Salmo

No compres nada hoy/ hoy no/ hoy no
no mires por hoy spots/ liquidaciones/ ofertas/
Hoy No/ Hoy No
mírate a ti en el espejo/ en las grandes olas golpeando
Medita sobre/ las costas del desangrado país
los ríos, ¿qué dicen?, hablan solos

Pero, ¿A TÍTULO DE QUÉ?

Sigue esta flecha
Medita en los hogares de cartón/ lluvia
sobre la comida seca/ sábanas, ropa mojada

Y tú/ baja en pensamiento/ sobre los cordones
de pobreza/ repetid: pudahuel, pudahuel
pincoya, la perdiz/ nocedal, pintana, santa adriana
san gregorio/ santa juana/
Lo estoy viendo aquí/ lo estoy viendo en mí
palos, mocos, goteras, polvaredas/
canta tu salmo y háblate para dentro.
Cierra los ojos/ imagina lo que estás hablando.
Y si puedes seguir, seguir con la mente por el Golf/ La Dehesa
Apoquindo/ doblemos/ a Lo Curro/ y volvamos atrás
sucesivamente, sin una pizca de resentimiento
ni malos sentimientos/ son solo ejercicios de representación

y los que corren por el Paseo Ahumada/ ladrones/ cantantes/
traficantes/ piensa en el enorme silencio de las masas
populares/ estas calles barridas por las armas automáticas/
El pasado reciente.
Concluir esta meditación/

Que se encienda ya el televisor,
seguir con las imágenes que ofrece/ mira por la ventana/
mira el noticiario/ fúmate un cigarro

¿Tú piensas que tenemos esperanzas?

¿Que si tocamos el poder de los Grandes capitales seremos
masacrados de nuevo? ¿Que habrá otro Golpe Militar? ¿Otros
[17 años?

¿Tú lo piensas así? Yo también.
Cierto
Pero pongámonos de acuerdo en apagar todos los televisores
[a la vez
somos tantos que estamos de acuerdo/ somos casi el 70,5 %

ALGO PODRÍA PASAR SI NOS PONEMOS DE ACUERDO
EN LA HORA, EL DÍA, EL MES Y EL AÑO:
Más de algo podría pasar.
Más de Algo.
Espérate, pronto te llegarán instrucciones precisas.

(*Enero 2002*)

Juvenal Ayala

JUVENAL AYALA (Iquique/Chile, 1959). Poeta, pescador artesanal y librero. Ha publicado: *Poemario*, 1982; *Escupitario*, 1984; *Zona de Pesca*, 1986; *La Diablada*, 1988; *Andanías*, 1999; *De naufragios y otros poemas*, 2002; *Poesía*, 2007. También ha editado Antología Poética del Norte, 1998 y Cuatro poetas iquiqueños en la literatura nacional, 2001. Ha obtenido primeros lugares en los concursos nacionales Pablo Neruda de Valdivia y Silvia Villaflor de La Serena. Mención honrosa en el Concurso Nacional de San Felipe 1999, entre otros reconocimientos. Fue director de la Sociedad de Escritores de Chile durante dos períodos. Sus trabajos han sido incluidos en antologías, revistas y sitios de Internet.

A Gabriela Ferri

Y ahora que una vez más me regalas tus ojos
Gabriela Ferri de la Italia de Ungaretti y Saba,

Ahora que recuerdo que saltaras al vacío
mi mano te prestara, por diosito, mi cuerpo

Sujetara tu cuerpo para que los ojos de tu vida
no cegaran el canto de cada día en el dial.

En los ojos de la vida que te sacaras de encima
yo me revolcara para detener tu caída

Nada más que eso, te debía este poemita,
por la infancia de atención a radio Esmeralda

Que los milicos se tomaron en el puerto
esa mañana de septiembre cuando regalabas

Tus ojos a la memoria del radioescucha
así se decía parece y yo imaginaba tu boca

Almibarando la tarde del verano iquiqueño
después de cruzar la Lan* tendido en la playa.

---

* Así llamábamos al aeropuerto ubicado en la ciudad y que cruzábamos de Gómez Carreño a playa Cavancha y que constituía una osadía pues, si te pillaban te castigaban en los días del terror.

Al detenido desaparecido

La mujer leía fotonovelas Selene
Y bastante literatura corintellada
—vaya, que bueno es leer decían—
—porque él se entregaba a Estefanía
que en Bruguera contaba el Oeste.
Nunca supieron qué leía el hijo.
Y éste en hojas de esperanza y vida
Tomó el camino donde lo escondieron.
Ellos leían, pues desde el camino aquel,
El es un cow-boy cualquiera,
Que busca y pregunta por el hijo ausente.
Y ella es una novela rosa que sueña
A su edad, con la espera de un niño.

Alejandro Lavquén

ALEJANDRO LAVQUÉN (Santiago, 1959). Escritor chileno. Sus trabajos se encuentran en libros, cuadernillos, revistas, diarios y antologías. Ha publicado prosa, poemas, artículos, entrevistas y reseñas de libros. Es redactor en revista *Punto Final* y colabora en distintos medios de comunicación. Entre los años 2000 y 2005 condujo en radio Nuevo Mundo el programa literario *De puño y letra*. Entre sus publicaciones se cuentan *Canto a una década* (1981), *Atardeceres y alboradas* (1994), *La libertad de Pérez* (1996), *Sacros iconoclastas* (Editorial Mosquito, 2004), *A buen paso atraviesa la noche* (Editorial Mosquito, 2009), *Bitácora extraviada* (Ediciones Tinta Roja, 2011), *Epopeyas y leyendas de la mitología griega* (Editorial Entrepáginas, 2012), *Fantasmas atrapados en su propio duelo* (Ediciones Tinta Roja, 2013), *Había una vez en el Olimpo, mitos y dioses griegos* (Editorial Zig-Zag, 2013). Su poemario *Sacros iconoclastas* fue traducido al griego por el poeta Rigas Kappatos y publicado en una edición bilingüe por Editorial Ekath en Atenas, Grecia, el año 2012.

Cotidiano

Los hombres despiertan como despiertan cada día. Se levantan,
lavan su rostro y beben café, los que tienen como beber café.
Los hombres empañan los vidrios de los autobuses,
piensan en su paso por la vida, o quizá, en la vida sobre sus
[pasos.
Los hombres caminan. Los animales caminan,
pero los hombres son hombres y los animales son animales.
Todo es normal:
La artillería de pocos hombres se derrama sobre los corazones
de muchos hombres,
el romanticismo de la luna paga sus pecados al Banco Mundial,
sierras eléctricas extirpan el verde de la tierra.
En Londres, el Big-Ben da la hora.
En Nueva York, la estatua de la libertad sostiene su antorcha de
[piedra.
La codicia desgarra los estómagos africanos,
el tigre asiático engorda con el sudor engrillado de los rebaños,
voladores de luces, como esperanzas bíblicas, inyectan dosis
[mortíferas
de apatía y carnaval en las conciencias congeladas.
¡Tengo hambre! reclama un despistado. Una beata se persigna.
Los ríos se asfixian en Latinoamérica, al igual que una canción en
[la voz
de un tuberculoso.
La suerte rezonga en los hipódromos, la lotería se duerme para
[despertar
un próximo domingo,
el azar y la miseria, son directamente proporcionales a la
[cesantía,
razona un intelectual.

La gota de agua

Una gota de agua
      tiene sed en la boca
de un obrero.
Una gota de agua
      sangra en la tierra
de los pehuenches.
Una gota de agua
      rueda por el mundo,
huyendo del fuego
      despiadado
del Banco Mundial.
La humanidad sucumbe
      sedienta,
una gota de agua
      es asesinada
      diariamente
en el descriterio del poder.

Barrio 29

Mármol y tierra la silenciosa
ciudad.

Templos y lápidas en el centro
de la ciudad.

Hacinamiento y olvido
en la periferia de la ciudad.

Cruces vacías y tierra púrpura

en el Barrio 29 de la ciudad.

Traición y tormento se ocultan
en el Barrio pobre de la ciudad.

JUSTICIA, es el epitafio
que ronda
los cielos de la ciudad.

Génesis en el Bío-Bío

I

Vinieron del cielo con su corazón azul
para poblar vegas y ríos,
montañas, bosques y volcanes.
Traían en su garganta el idioma de Wenu Mapu,
que sería el mismo de la humanidad.
Conocían el lenguaje
de los animales y de los árboles,
del viento y del agua.
Chao Kalfú y los buenos espíritus
se habían entristecido al observar un mundo
de páramos y desolación.
Con la espuma blanca del cielo amasaron
a los nuevos padres y besaron sus frentes,
pues temían abandonar el firmamento.
Pero Chao Kalfú dijo su palabra:
«Cuando canten muchos hombres sobre la tierra,
ustedes volverán arriba y brillarán».

II

Abrazaron la tierra y se vistieron de azul,
recolectando el sabor que ofrecían
los valles y el mar.
Convivieron con las aguas y lo sólido,
con la lluvia y el sol en armonía,
hasta que la lucha entre
Cai Cai y Tren Tren fue feroz
y las aguas cubrieron la tierra.
Los hombres escaparon a los cerros
para luego regresar
—los que sobrevivieron—
a repoblar cuencas y riberas.

III

Abajo había más peces y piedras,
más paciencia, más bosques y vidas seculares,
el Nguillatún y la calma.
Arriba, los antepasados corrían
por Wenu Leufú tras el choique,
marcando la Cruz del Sur
en el horizonte.
Vinieron del cielo, y un día volverán
a ser estrellas.

Adriana Paredes Pinda

ADRIANA PAREDES PINDA (Osorno, 1970) es poeta mapuche-huilliche, machi, profesora de Estado en Castellano en la Universidad de La Frontera de Temuco y doctora en Ciencias Humanas, mención Discurso y Cultura, de la Escuela de Graduados de la Facultad de Filosofía y Humanidades de la Universidad Austral de Chile. Su tesis doctoral, defendida en enero de 2014, se tituló: «Epu Rume Zugu Rakizuam: desgarro y florecimiento. La poesía Mapuche entre lenguas».

El año 1998 logra el primer lugar en el Primer Concurso de Poesía en Lenguas Nativas, organizado por el Programa de Fomento de las Lenguas Nativas en el sector Urbano. El año 2002 es merecedora de la Beca Para Escritores Noveles del Consejo Nacional del Libro y la Lectura. Ha publicado el poemario *Üi* (LOM Ediciones, Santiago de Chile, 2005, edición bilingüe mapuzugun-español) y ha sido antologada en *Hilando en la Memoria: 7 mujeres mapuches* (Falabella, Ramay, Huinao, Editoras, Editorial Cuarto Propio, Santiago de Chile, 2006), *Kallfv Mapu. Tierra Azul. Antología de la poesía mapuche contemporánea* (Néstor Barrón, Ediciones Continente, Buenos Aires, Argentina, 2008). Su poesía responde a un concepto de identidad no-homogénea.

Ella se define a sí misma de la siguiente manera:

> Soy Adriana Paredes Pinda, «la que dice» y fiel a mi nombre, es que ando hablando y escribiendo cuanto puedo.
> La poesía me habita desde que recuerdo, las sílabas me marcaron a temprana existencia, en corteza de canelo macho y desde allí, no me han dejado jamás.
> Mis hijos: Lafken Matías, 19 años, Kallfumalen Wünelfe, 16 y Küyen de 14, me acompañan en este mogen infinito.
> Vivo entre mundos, desde Riñinahue a Chaurakawin y Valdivia, de ida y vuelta, pertenezco al lenguaje más que otra cosa, el lenguaje «ngen».

Mütrümtuwe

Kiñe aukin

Ya habla ya Kallfukew, que salgan de tu boca
esas palabras
furiosas
tempestades
ataviadas de relámpagos premoniciones y ecos

donde la pobreza del mundo
no alcanza, anda y di
Kallfukew, aquí

te esperamos
cimbrar la voz
en el montaraz
 del aire
resplandeciente
surcar
los nombres de los caídos
esos nombres prohibidos
que avergüenzan
con el humus punzante de tu lengua
que no olvida:

Jorge Suárez Marihuan pewenche
ribera del río Queuco
Alex Lemun Saavedra, Agustina y Mauricio Huenupe Pavián
                                [Kaunicú   2002
Julio Huentecura Llancaleo   2004
de piwke

apuñalado
Xenón Alfonso Díaz Necul   2005
embestido
  por Mininco
el lonko Juan Collihuin Catril en Boyilco Chico   2006
Matías Catrileo Quezada de espaldas   2008
le escupieron fisla
José Toro Ñanco, perseguido y acosado   2009
dio fin a su canto de pájaros

«mapuche muere»
nombres   nombres   nombres
infinitos
sin piel sin olor sin mirada

por eso todos esperamos
aquí

verte delirar el chezugun como poseídos fueron otros
Manuel Aburto Panguilef dice —«no me pertenezco»
mientras el rey Juan Antiñirre habla a su árbol tocado por los
                                        [caciques del cielo
en Colegual Fresia y Vega Larga
Felipa Huenuleo canta sus dos florecimientos
en las memorias de mi tía abuela María Pinda Peye
«la Catrigüala»
«Pindatray» que dice es nuestro nombre
cortado anda por los mundos

canta ya Kallfukew
y quita esta soledad que se amotina en la cadencia urgente del
küpalme

Epu aukin

—«we küfü»— dices hermano Leonel, dices —we küfü—.
—«lo que habiéndose podrido da lugar a lo nuevo»—
¿es que el sortilegio de tu lengua mundo vuelva a coser la
[rajadura de mi cuerpo
vacío de mapunzugun?
—Weküfeana de mí, ay —«no me pertenezco»

Küla aukin

El que no se llena

Dicen que me van a amarrar al taíta allá en la roca o en el cerro, que me van a colgar de sietes cadenas para que no me salga de mí, que soy un monstruo, inconcebible...

Nadien se atreve a articular mi nombre, como si mi nombre tuviera la peste o una contagiosa determinación a devorarlo todo:
—«fisla fisla»—piensan cuando me ven.

Solo sé que tengo hambre, que siempre, cada día cada noche cada instante tengo hambre y no puedo hacer nada contra esta hambre inimaginable que me abraza, si no comiera moriría, pero yo quiero vivir, anhelo vivir porque nací...

Me arrastro, ya no puedo caminar ni ponerme erguido, me caigo de tanto comer, cuando llega la oscura noche adentro del mar de Huenteyao, yo me salgo de mí y como como como como como si no hubiera otro día en el mundo...

al amanecer siempre pasa la chonchona y se ríe de mí, pero a mí ella no puede atravesarme con su cuchillo caliente, porque yo ya estoy consumido por mi propia fiebre y nada más puede dañarme...

mi vieja llora a mis pies y me chicotea con sauco y chacay, trata de salvarme, pero yo no tengo salvación ni quiero.

El viejo en cambio me odia y solo espera deshacerme del monstruo, toda la gente viene a verme, me acosan, me miran de reojo, sin atreverse a mirarme de frente, y tienen razón, si me miraran, si se atrevieran, yo me los comería también, tanta es mi hambre que siento...

> Pasó el que no se llena por Chaurakawin, se comió el küstralwe de las sruka, mató a los guerreros, puros huesos quedaron en las pampas, huesos que hablan, huesos que cantan todavía, que gimen...alcanzamos sí a esconder la llave secreta donde jamás puedan hallarla, dicen que un día despertará el chachay Antiñir con su corona de carne, que abrirá la puerta y entonces todos ellos los encendidos por el mal del hambre devoradora, todos ellos serán devueltos a su lugar de desolación y muerte

Meli aukin

Vengo a devolverte tus palabras, a pampa abierta
a lo williche viejo Kallfukew
que no me detengan
los tribunales ni los registros civiles ni el «plan paciencia»
que no nos roban
estos fisla
el alma ya
esquilmada

vengo a decirte que
soñé contigo

cómo pudieron tus palabras
salir andar
solas
cómo pudieron murmurar ellas

todo el árbol de voces que te sigue
ah Kallfukew
si pudieras leerme
si pudieras llenarme
si pudieras
habitar
por un parpadeo tan solo
la inmensa soledad de mis sílabas
                          weküfe
ardor
de mieles e impudores
sin estrella

Rosabetty Muñoz

Nace en Ancud, Chiloé en 1960. Desde su titulación como Profesora de Castellano ha ejercido labores de docencia en distintos establecimientos educacionales de Chiloé y participado activamente del desarrollo cultural del sur de Chile. Ha publicado *Canto de una oveja del Rebaño*, Ediciones Ariel, Santiago (1981); *En Lugar de Morir*, Editorial Cambio (1987); *Hijos*, Editorial El Kultrún, Valdivia (1991); *Baile de Señoritas, El Kultrún* (1994); *La Santa, historia de su elevación*. Lom ediciones (1998); *Sombras en el Rosselot*, LOM ediciones (2002) Ratada, LOM ediciones (2005) y *En Nombre de Ninguna* (ediciones El Kultrún, Valdivia, 2008). *Polvo de Huesos* (Ediciones Tácitas, 2012). Su poesía también ha sido incluida en diversas antologías, entre ellas: *Un ángulo del mundo. Muestra Poética*, Encuentro Iberoamericano de Poesía, RIL (1993); *Veinticinco Años de Poesía Chilena*, Calderón, Harris, Calderón, Fondo de Cultura Económica (1996); *Antología del Poema Breve en Chile*, Floridor Pérez, compilador, Editorial Grijalbo (1998); *Escritoras Chilenas*, Linda Koski, Editorial Cuarto Propio (1998); *Antología de Poetas Chilenas*, Eugenia Brito, Dolmen Ediciones (1998); *Antología Poética de Mujeres Hispanoamericanas* (Siglo XX), Idea Vilariño (compiladora), Ediciones de la Banda Oriental, Montevideo (2001), *Antología de los Premios Neruda*, entre otras.

Ha recibido distinciones por su trabajo, algunas de ellas son: Mención de Honor en el Premio Municipal de Poesía de Santiago (1992-1999); Mención de Honor, Premio Pablo Neruda (1996); Premio Pablo Neruda, por el conjunto de su trabajo (2000); Beca Fundación Andes (2000); Premio Consejo Nacional del Libro por Sombras en El Rosselot, como mejor obra inédita (2002); Obtiene Beca para escritores profesionales del Consejo Nacional del Libro y la lectura (2005) para escribir texto poético «En Nombre de Ninguna». Obtiene proyecto Fondo del libro para editar suplementos de poetas del sur de Chile en el periódico *El Insular* (2007); Obtiene proyecto Fondart para realizar ensayos sobre artistas plásticos de Chiloé.(2007) Nominada al Premio Altazor (2009) por el libro *En Nombre de Ninguna*. Premio Regional de Arte y Cultura (2012). Premio Altazor 2013 por la obra *Polvo de Huesos*. Obtiene Beca para escritores profesionales para escribir libro de ensayos *El Hueso expuesto* (2014).

Hay ovejas y ovejas*

Las que comen de cualquier pastizal
y duermen con una sonrisa de satisfacción
en los potreros.
Las que caminan ciegamente
por los caminos acostumbrados.
Las que beben despreocupadas
en los arroyos.
Las que no trepan por pendientes peligrosas.
Esas van a dar lana abundante
en las esquilas
y serán sabrosas invitadas
en las fiestas de fin de año.
Hay también
las que tuercen las patas
buscando campos de margaritas
y se quedan horas y horas
contemplando los barrancos.
Esas balan toda la gran noche de su vida
encogidas de miedo.
Y hay, por fin,
las malas ovejas descarriadas.
Para ellas y por ellas
son las escondidas raíces
y los mejores y más deliciosos pastos.

---

* De *Canto de una oveja del rebaño*, Santiago, Ediciones Ariel, 1981.

Oveja a tropezones*

Tengo miedo.
Miedo de los malos caminos
de las equivocaciones que reciben
a brazos abiertos nuestros sueños.
Espero más de lo que puedo decir
y desde que dejé de ser posibilidad
ante el abismo de ojos detenidos
siento una brumosa sensación
de amarras y telarañas.

Expuesta

Prontos a herir se amontonan
en las afueras de mí.
Un ojo sobre otro.
Me voy a ellos con los brazos abiertos
no vaya a ser que no me alcancen.
No vaya a ser que el dolor de sus colmillos
me sea negado para siempre.

---

* De *Canto de una oveja del rebaño*, Santiago, Ediciones Ariel, 1981.

Carmen Andrea Mantilla

CARMEN ANDREA MANTILLA, escritora, declamadora y activa gestora cultural. Licenciada en Trabajo Social de la Universidad del Bío-Bío. Ha editado dos libros: *Camas Anárquicas* (primera edición 2011, segunda edición 2012 y tercera edición 2014) y *La Muerte y el Hombre* (primera edición 2012 y segunda edición 2013). El segundo semestre de 2014 lanza dos libros: el libro *Cementerio de Angelitos*, junto al fotógrafo Max Beltrán, y *Seis por Siete* (con audiolibro).

Tengo el país borrado de la frente

Tengo el país borrado de la frente.
Al levantarme hoy de la cama en la que te vi dormir,
me di cuenta que tengo el país borrado de la frente.
No me queda nada del sur en las mejillas
y tan impreciso es el olor de cordillera de mi espalda
que quizás ya no me reconocerías si no te escribiera
para advertirte que me desvalijaron el cuerpo.

Me borraron el país del ombligo, del sexo, del plexo lumbar.
¿Qué hago ahora con este vacío que no captura el reflejo?
¿Qué hago con este hueco que dejan sus cinco letras brutales?
¿Qué hago en el exilio?
¿Dónde escucho sapitos? ¿Dónde espanto coliguachos?
¿Dónde me queda el pueblo en este libro lavado?

Me lo desmarcaron.
Me corrieron las cercas hasta salirse de los límites de mi campo
                                                                      [negro,
me vendieron a la orilla del camino como un camarón amarrado
                                                                      [a un cordelito,
y al levantarme esta mañana y mirarme en el espejo,
la roña baila cueca con la lengua afuera.

Me borraron el país de la frente, anoche, mientras dormía.

Septiembre

Esta noche la ciudad se descascara como una tierra sedienta. Tengo Septiembre en el bolsillo con ganas de elevarse sobre el cielo apretado de girasoles que siguen floreciendo con sangre, con las cifras macroeconómicas a barlovento y desplegadas.

¿Qué te puedo contar en este mes que no tenga relación con este abandono y destierro, con este arrancarme las uñas y patear las pantorrillas desnudas de América, con los cuchillos ordenados alfabéticamente y los desaparecidos aullando rabias?

¿Qué contarte de este país, flecha torcida y desmembrada, que no tenga que ver con los que no encontramos nunca, con los de la frente anegada que como un tamal doliente fueron arrojados al océano?

¿Qué contarte que en Septiembre no tenga que ver con el viento y la albufera, con la mediterránea soledad del invierno de estas latitudes o con esta micro repleta y maloliente en la que me muevo por la ciudad los jueves?

Compañero, tras las cortinas finas de esta casa aguardan los cementerios negados... En Septiembre poco puedo contarte que no tenga que ver con esta herida que supura: ¿DÓNDE ESTÁN?

Canción de amor

Tedoyunacanciondeamor... decía Silvio:
Yo no te doy nada.

Que después de trollearme los días,
de hacerme bullyng erótico,
me pidas versitos sosos, es a lo menos un desatino,
un despropósito, un disparate de antología,
una patudez de multitienda,
de Hogar de Cristo usufructuante,
como si Paulmann me pidiera ser éticamente santa.

Me jode.

Que te escriba versos tu mujer

que te manda cupcakes de arándanos
para el café de media mañana;
que te escriba cartas la secretaria
que tira contigo en horario de oficina;
que te los escriba tu madre que te circuncidó.

O tu prima que recibe una cacha anual
el día del cumpleaños de tu abuela
(exquisita nonagenaria que es lo mejor que tienes);
que te rime tu jefe,
que te coge con métrica perfecta
y te lo mete en el ojo desde hace diez años.

Yo tengo que lavar la loza, tejer, regar las plantas,
dormir la siesta,
amar la cuarta vocal en la pulcra cama que me espera cuando
[viajo.

Yo no puedo escribirte versos.

Mira:
tengo el cesto de la ropa sucia lleno,
el arriendo e internet por pagar,
dieciocho libros pendientes de lectura,
al Rojo al otro lado del océano,
casas imaginarias por barrer,
tangos por bailar
y una vida completa para hacerme cargo…

No tengo tiempo para tu canción de amor.

Yasmín Fauaz Núñez
Grandchester

Pensadora, periodista, poeta, cuentista, artesana del libro, profesora de literatura, amante de los perros, las piedras y las flores.

Grandchester es el pseudónimo poético que utiliza Yasmín para expresar el pensamiento «grandchesteriano», en el cual se visualiza al humano como un producto de la evolución que puede trascender los límites impuestos al resto de los seres conocidos por su ceguera intelectual.

En *De una loca a esta maja*, Grandchester nos muestra al humano como un ser perdido que aprende tortuosamente a enfrentar la inmensidad. En *Casa quemada*, explora la dificultad de avanzar sobre la senda del libre pensamiento a partir de las circunstancias de una mujer latinoamericana normal de principios del siglo XXI. En *Arenga al conquistador*, plantea su profunda preocupación por el tema de la guerra y la crueldad.

En palabras de Grandchester:

«Los hombres no inventamos la muerte, el hambre o la mentira, ni muchas otras taras de nuestra herencia evolutiva, pero podemos ser su solución... el día que un porcentaje suficientemente de la humanidad comprenda su libertad, empezará otra revolución tan grande como la carroñera, la agrícola o la industrial... desarrollará tecnologías teológicas y morales... explotará la nada... será más humilde que las violetas o los soles, y más grande que los dioses de sus padres...».

Arenga al conquistador*

Hermano soldado.
Heredero triste de Alejandro Magno
(ese otro conquistador, de tantos tan nefastos).

Si te agacharas un momento
y miraras con cuidado el polvo
que quebrantas con tus botas.

Si preguntaras sus secretos más ignotos
a las aguas de esos ríos
y a los granos de esas dunas
que riegan las iras de tu mira con napalm.

Si prestaras por el viento oído atento
a ese cielo que surca la tormenta desatada
por los furtivos cazabombarderos encumbrados
con sus huevos de fósforo y uranio residual.

Si no pasaras temeroso y prepotente
en el insecto que te hace fuerte
con su exoesqueleto de acero
resistente a las lágrimas ardientes
y los dientes apretados de las madres y los hijos
de las tierras de la Siria y del Irán,
del Irak y Afganistán.

Si apreciaras la sublime

---

* Yasmín Fauaz Núñez, *Grandchester*, del poemario *Arenga al Conquistador*, Editorial Varonas de Cartón, 2014.

arquitectura de los templos y mezquitas
y las obras milenarias de la hidráulica
y dejaras volar tu pensamiento
con la arena del desierto.

Si te liberaras de las palabras de los medios.
¡Si pensaras!
Si dudaras un segundo,
si leyeras, si escucharas
y si meditaras...

...comprendieras...

Que tendrías que arrodillarte
a besar tus propias huellas
porque estás en la gran Mesopotamia,
una de las tierras más sagradas.

El sitio donde desciframos
los secretos del cultivo.

No te dice nada «Tigris»?
No te significa «Éufrates»?
No te suenan tan insignes nombres?
¿No ves que estás en el jardín, en la escuela,
donde aprendieran a escribir los hombres?
Donde se inició la metalurgia.
Donde se invento el monoteísmo.

¡Hermano! Por tu madre y por mi madre...

No le faltes al respeto
a nuestra madre Babilonia.

Los caldeos enseñaron a tus padres
las delicias de beber cerveza.
Hamurabi legislaba
donde hoy tus balas atropellan.
De aquí salieron los mitos,
leyes y leyendas que plasmó Moisés
en medio o más del pentateuco,
empezando por el Génesis,
siguiéndole el decálogo
y culminando con las reglas del Deuteronomio.

¡Estás en la tierra de Noé!
¡Estás en la tierra de Lot y de Moab
y Ben-Ammi!

Zoroastro no te dice nada?
¿Y la ruta de la seda?
¿Y los Partos?
¿Y los cuentos de la princesa Scheherazada?

Osas masacrar a los divinos pueblos
de la Biblia y del Corán?
A los descendientes de Esaú,
a los constructores de los zigurats?
A los hombres que fijaron las constelaciones
en el mapa sideral?

No ves los genios, los efrits, los califas abasidas?
A los pueblos amorreos?

A los persas?
Las naves de Simbad en el puerto de Basora?
Las alfombras voladoras?
¿El fantasma de al-Rashid que vaga por Bagdad?

¡NO VES NADA?

No seas espurio esputo de los pueblos bárbaros.
Despierta orgulloso esclavo
de los mercaderes de las armas.

No ves cómo ciego defecas tus ancestros,
la mitad de tu cultura,
el origen primigenio de tu concepción moral,
el lugar donde nació la propiedad privada,
la tierra de donde surgieron los banqueros,
el dinero y mucho más
de todo lo que adoras y que amas?

¡Aquí es que Ciro perdonó al rabino!

Ve soldado…
Sigue tu destino…
agrega otro capítulo a la gesta
de la cuna original
de lo que llamamos la historia universal.

Ve…
Ve tranquilo…

Qué más da?

Juan Jorge Faundes

Su alter ego literario se hizo llamar Facundo de Temuco cuando estaba en Bogotá, a fines de los 80 y era director de *El Estulto,* periódico que sobrevivió tres números como parásito *underground* de un diario conservador cuyo editor Fernando Garavito, Juan Mosca, en 2002 tuvo que irse al exilio donde murió. Facundo de Temuco escribió en *El Estulto* contra el paramilitarismo haciendo crítica cultural; también se hizo llamar Gabino Barrera (correlato del bandolero-justiciero mexicano y su chapa en las lides de la Escuela Autónoma) y Jota Jones (un vivo plagio de su ídolo Indiana). Dice que además es soñador de imposibles y otras yerbas. Su nombre verdadero creo que es Macabeo Melquisedec... Macabeo por los guerrilleros bíblicos (Los Macabeos) y Melquisedec por el sacerdote pagano Rey de Salem que consagró a Abraham. En 1986, bajo el seudónimo de Juan Jorge Faundes (Merino por su madre; o Marinao, apócope de Marinawel, según sus hermanos mapuche, lo que significa Diez Tigres) escribió *Melquisedec (una misa pagana),* poemas anti-dictatoriales. Escrita e impresa en 1986, su misa está hoy disponible en un sitio web del mismo nombre.* Además ha venido publicando online sus *Poeticias* o *Notiemas* desde el 11 de septiembre de 2005.** De ellas, ha dicho que se trata de «poesías como noticias o noticias como poemas, tal vez panfletos, versos obsoletos, fósiles latentes sepultados con la Historia y las Ideologías y el Che y Mao y Allende y Martí y Bolívar y Tupac Amaru y Espartaco, reverberando entre las osamentas de las utopías dizque muertas».

---

* http://misapagana.blogspot.com.
** http://poeticias.blogspot.com/.

El Ave María de Aysén*

[Escenario: el Patio Bellavista, próximo a la Plaza Italia, centro gastronómico, artesanal, cultural y turístico del centro de Santiago. Son las nueve de la noche. Es el 21 de marzo de 2012. Día Internacional de la Poesía. En Aysén, en el extremo sur, Patagonia chilena, un poderoso movimiento ciudadano se hace oír y obliga al gobierno a negociar. Ese es el contexto...]

¡Yo no soy poeta, soy profeta, y esta noche vengo a predicar a esta [Plaza!
En el nombre de José Manuel Parada, de Manuel Guerrero y de [Santiago Nattino Santo. Amén...

* * *

Dios te salve, Radio Santa María, llena eres de Gracia
El Pueblo de Aysén está contigo

Bendita tú eres entre todas las radios...
...entre las radios faranduleras
...entre las radios mercantiles
...entre las radios futbolísticas
...entre las radios AM y las radios EFEME
...entre las radios analógicas y las radios digitales
Bendita eres, Radio Santa María de Coyhaique
...entre las radios comunitarias...

Y benditas sean también las otras radios que te acompañan:
• Señal FM en Coyhaique (102.3) que cubre potencialmente toda la población urbana de esa comuna.

---

*   El poema «El Ave María de Aysén» resultó ganador del Premio Día Internacional de la Poesía, Patio Bellavista, 2012.

* Señal FM (90.7) en Puerto Aysén, alcanzando toda la población de Puerto Aysén y Puerto Chacabuco.
* Señal FM (96.1) en La Junta.
* Señal FM (98.1) en Puerto Cisnes
* Señal FM (91.9) en Mañihuales
* Señal FM (99.5) en Cochrane
* Señal FM (98.7) en Chile Chico

Y benditos sean todos los sitios web que te prestan sus servidores como espejos electrónicos ante la gran demanda de conexiones:
* Bendita Radio Tierra punto ceele
* Bendita Radio Villa Francia
* Bendita Radio Movilizados
* Bendita Radio Aukán
* Bendita Radio Galáctica, de San Antonio
* Bendita Radio Placeres, de Valparaíso.
* Bendita Red Puente Sur TV, de gran parte de Latinoamérica.
* Bendito Factor Absoluto punto ceele.
* Bendita Radio 102.9 FM Población La Victoria
* Bendita Radio Primero de Mayo
* Benditas… entre otras radios benditas cuyas URL me cuesta
[pronunciar

Y bendito sea el fruto de tu vientre, el fruto de tus transmisiones:
…un pueblo vivo
…un pueblo parlante
…un pueblo movilizado

Radio Santa María, madre del Verbo,
…madre de La Palabra
…madre de La Voz del Pueblo

Y por lo tanto Madre de Dios (ya que Vox Populi Vox Dei)
Madre de todas las batallas, ¿por qué no?
…ruega por nosotros,
¿Pecadores?
No… gente cómoda, pequeño burguesa, tal vez temerosa… pero
[buena en el fondo, a quienes nos cuesta entender que

TU PROBLEMA ES MI PROBLEMA
TU PROBLEMA ES MI PROBLEMA
TU PROBLEMA ES MI PROBLEMA

Ruega por nosotros, Radio Santa María… Santísima Radio
Y ruega por nosotros Santa Claudia Torres; Santísima Claudia,
Claudita, como te llama el Pueblo.
Santa Claudia Torres,
¡Ángel del Señor!
Porque la palabra «ángel» significa «mensajero», y tú eres
[la WERKÉN, la MENSAJERA
del Pueblo de Aysén, todas las noches con tu programa
[A Micrófono Abierto…
Tú, @claudiaustral en el Twitter
Ruega por nosotros mediocres pequeñoburgueses para que se nos pegue ese bichito de la Revolución y salgamos a las Plazas y a las Calles a gritar tu nombre! ¡El tuyo y el de la Radio!

¡¡¡Radio Santa María de Coyhaique!!! ¡¡¡Presente!!!
¡¡¡Radio Santa María de Coyhaique!!! ¡¡¡AMÉN!!!

Esperanza*

(Noticia de la Agencia Española EFE)

EL UNIVERSO CAMBIARÁ DE COLOR
PASARÁ DE VERDE A ROJO

Astrónomos de la Universidad Johns Hopkins determinaron que el color del Universo es verde resplandeciente.

«Verde turquesa», dijeron, fruto de la combinación de colores contenidos en la luz de más de 200 mil galaxias.

El color rojo será alcanzado «en varios millones de años».

¡Hay que tener fe, camaradas!

Jesucristo súper estrella II**

Me cabreo de estar con los brazos en cruz

Son las nueve de la noche
es viernes

Entonces bajo del madero instalado en Huérfanos y Ahumada
guardo en el bolso deportivo la corona de espinas de plumavit
el madero de cartón piedra
el frasco con salsa de tomates y la manguerita

---

* En *Poeticias o Notiemas*, enero de 2008 (escrito el 2002-01-16. Publicado en Foro Espacio Cultural). Recuperado el 29 de julio de 2014 de: http://poeticias.blogspot.com/2008_01_01_archive.html.

** En *Poeticias o Notiemas*, noviembre de 2007. Recuperado el 29 de julio de 2014 de: http://poeticias.blogspot.com/2007_11_01_archive.html.

con lágrimas de payaso

(para el agua que mana del costado)

cubro mi anoréxica desnudez con un raído abrigo negro
cuento 30 monedas dejadas por un conmovido público
y echo a caminar

fumando por Puente

rumbo al cabaret aledaño al Mercado Central
donde oficio de
María Magdalena

Eucaristía V*

Y el Ángel me llevó al Paseo Ahumada y mostró el
bautismo de los santos:

Allí estaban Mariano Guido Pierre André Sebastián
Allí estaban Estela Owana Tatiana María

Los santos estaban de rodillas fundidos abrazados
El río Jordán brotaba desde las fauces del dragón de metal
El dragón vomitaba agua
ríos de agua
en vez de lenguas de fuego

Barría la superficie del planeta para que los santos fuesen

---

* En *Melquisedec (una misa pagana)*, Santiago, 1986. Recuperado el 29 de julio de 2014, de: http://misapagana.blogspot.com/.

dispersos
Pero ellos de rodillas fundidos abrazados
bajo los torrentes del dragón
cantaban Padre Nuestro.

Y la muchedumbre batía palmas desde las ventanas de los
edificios céntricos
Y la muchedumbre saltaba desde las veredas a la calle
de rodillas fundidos abrazados

los santos oraban y ayunaban por el fin de las
torturas
y de los recintos secretos de detención
de rodillas fundidos abrazados

Como los santos soportaban el agua el dragón
escupió policías
de rodillas fundidos abrazados
que bautizaron con golpes de palos y patadas
de rodillas fundidos abrazados
con bombas lacrimógenas y disparos
de rodillas fundidos abrazados

Los santos fueron engullidos uno a uno por el dragón
de rodillas fundidos abrazados

pero el Padre Nuestro resonó entre los muros de su vientre
de rodillas fundidos abrazados

como las trompetas de Jericó.

El dinero mueve al mundo*

Y Dijo la Bestia:
«El Dinero mueve al mundo,
deje a un lado consideraciones éticas
o morales,
no lo sabré yo en un puesto como éste,
no habrá contrato,
no figurará su nombre,
denos un trato prioritario
a vuelta de correo recibirá su cheque».

---

* En *Informo*, poemas (mimeógrafo), Temuco, 1982. Y en *El Apocalipsis de Chile*, Temuco, 1983. Manuscrito en un billete de mil pesos, Santiago, 2012.

Notas

1. Cfr. http://elpais.com/diario/1986/09/08/internacional/526514417_850-215.html.
2. Juan Jorge Faundes Merino: «Mejor, mejora -Neruda», *Pluma y Pincel*. N° 142 (jul. 1, 1991) pp. 58-65.
3. Serguei Eisenstein: *Cinematismo*, Domingo Cortizo Editor, Buenos Aires, 1982.
4. Laura González, «"Un carnívoro cuchillo" Miguel Hernández». Recuperado el 26 de julio de 2014 de: http://es.slideshare.net/Lauragjaume/comentario-textos-un-carnvoro-cuchillo.
5. José Maríabalcells: «El rayo que no cesa desde la intertextualidad», en Actas II Congreso Internacional Hernandiano, Orihuela-Madrid, octubre de 2003, pp. 139-161. Recuperado el 26 de julio de 2014 de: http://www.miguelhernandezvirtual.es/new/files/Actas_II_Presentacion/11josema.pdf.
6. Teun A. Van Dijk: «Modelos en la Memoria. El papel de las representaciones de la situación en el procesamiento del discurso», *Revista Latina de Pensamiento y Lenguaje*, Invierno 1993-1994, vol. 2, no. 1, pp. 39-55, cita en p. 41. Recuperado el 25 de julio de 2014 de http://www.discursos.org/oldarticles/Modelos%20en%20la%20memoria.pdf
7. John L. Austin: *Cómo hacer cosas con palabras: palabras y acciones,* Paidós, Barcelona, 1998 (1ra. ed. inglés, 1962), p. 166; ver también pp. 138-167.
8. Ibídem, p. 153.
9. Efraín Barquero: «Palabras de Año Nuevo», en Mahfud Massis, *40 poetas contra la infamia*, Ediciones Barricada, Caracas, 1978, p. 57.
10. La obra más conocida de John L. Austin, publicada póstumamente (1962), es *How to Do Things with Words* (*Cómo hacer cosas con palabras*) que compila sus conferencias del año 1955 en la Universidad de Harvard. Este libro es la culminación de su teoría de los actos de habla, en la que trabajó durante varias décadas.
11. John L. Austin: *Cómo hacer cosas con palabras: palabras y acciones,* ob. cit., pp. 44-48; 53-55; 138.
12. Jacques Derrida: «Firma, acontecimiento, contexto», en *Márgenes de la filosofía*, Cátedra, Madrid, 1989.

13. Judith Butler: *El género en disputa*, Paidós, Barcelona, 2007 (1ra. ed. inglés, 1990).
14. Roland Barthes: *El grado cero de la escritura*, pp. 182-186.
15. Cfr. Flavio Salgado Bustillos: *La Cueca Sola*, Ocean Sur, 2014.
16. Biblioteca Nacional de Chile: «Generación Literaria de 1960», en: *Narradores chilenos de la década de 1960. Memoria Chilena*. Disponible en http://www.memoriachilena.cl/602/w3-article-96323.html. Accedido en 28/7/2014.
17. Ídem.
18. En *Poeta Chilena Dispara*, La Liga de la Justicia Ediciones, Arica, 2013, p. 28.
19. Floridor Pérez, Yates, 1937.

Bibliografía

CARRASCO, IVÁN: *Nicanor Parra: La escritura antipoética* [s.e., Financiamiento CONICYT], Santiago, 1990.

_____: «Tendencias de la poesía chilena en el siglo XX», *Anales De Literatura Hispanoamericana*, no. 28, 1999.

ECO, UMBERTO: *Obra abierta*, Planeta-Agostini, Barcelona, 1984.

EISENSTEIN, SERGUEI: *Cinematismo*, Domingo Cortizo Editor, Buenos Aires, 1982.

GÁLVEZ-CARLISLE, GLORIA: «La Wik'Uña: Locus etnopoético y dimensión femenina», en Lilianet Brintrup, Juan Armando Epple, Carmen de Mora (editores): *La poesía hispánica de los Estados Unidos: aproximaciones críticas*, Universidad de Sevilla, Secretariado de Publicaciones, Sevilla, 2001.

HERNÁNDEZ, MIGUEL: *El rayo que no cesa*, Espasa-Calpe, Madrid, 1982.

MORALES PIÑA, EDDIE: «Visiones apocalípticas en cinco poetas chilenos», *Nueva Revista del Pacífico*, no. 41-42, años 1996-1997, Ediciones de la Facultad de Humanidades, Universidad de Playa Ancha, Valparaíso, Chile.

_____: «Poetas Apocalípticos», revista *Mensaje* (de la Compañía de Jesús), no. 474, Santiago de Chile, 1998.

SARTRE, J.P. *et al.*: *Estética y marxismo*, Editorial Arandú, Buenos Aires, 1965.

JUAN JORGE FAUNDES MERINO. Periodista, narrador y poeta. Magister en Literatura Chilena y Latinoamericana. Columnista de la revista *Punto Final*. Corresponsal en Chile del diario *El Espectador* de Bogotá. Académico de la Universidad de Arte y Ciencias Sociales (UARCIS) de Santiago en las escuelas de Periodismo y de Sociología. Jefe de Redacción de la desaparecida revista *Cauce*, opositora a la dictadura de Pinochet. Autor de los poemarios antidictatoriales *El Apocalipsis de Chile* (1983) y *Melquisedec (una misa pagana)* (1986). Autor, entre otros libros, de la novela histórica *Vientos de Silencio* (Planeta, 1999), y de *Nvtuyiñ Taiñ Mapu-Recuperamos nuestra tierra* (Editorial Universidad Católica de Temuco, 2011). La crítica académica lo ha clasificado entre un grupo de poetas chilenos y latinoamericanos que cultivan el género de la poesía religiosa apocalíptica. Premio «Manuel Castro Ramos» Colegio de Periodistas de Chile y diario *La Tercera*, por cuento «Prisionero» (1979), publicado en Francia ese mismo año en semanario católico *La Vie*. Finalista Premio Repórter Ediciones B, Barcelona, España, por su libro reportaje *Colombia: La guerra de la narcoderecha* (1989). Algunos de sus textos están incluidos en las antologías *En el ojo del huracán, Una antología de 39 poetas chilenos jóvenes*, Manuel Alcides Jofré (Santiago de Chile, Documentas-Cordillera, 1991), *Poemas encontrados y otros textos*, Jorge Torres (Valdivia, Paginadura Editores, 1991), *Moradores de la lluvia, poetas de La Frontera*, Wellington Rojas Valdebenito (Temuco, Universidad de Temuco, 1995).

Seven Stories Press
Jon Gilbert
140 Watts Street
US-NY, 10013
US
https://www.sevenstories.com
jon@sevenstories.com
510-306-6987

The authorized representative in the EU for product safety and compliance is

Easy Access System Europe
Teemu Kontttinen
Mustamäe tee 50
ECZ, 10621
EE
https://easproject.com
gpsr.requests@easproject.com
358 40 500 3575

ISBN: 9781925019681
Release ID: 153694849

www.ingramcontent.com/pod-product-compliance
Lightning Source LLC
Chambersburg PA
CBHW020853160426
43192CB00007B/901